DIANA

Ich möchte euch so gerne noch etwas sagen ...

Dietrich von Oppeln-Bronikowski

DIANA

Ich möchte euch so gerne noch etwas sagen ...

ch. falk verlag

Aus dem Englischen
von Dietrich von Oppeln-Bronikowski

Mit einem Nachwort des Autors

Originalausgabe

Umschlaggestaltung: Dietrich von Oppeln

Satz: Plejaden Publishing Service, Boltersen
Druck: Druckerei Sonnenschein, Hersbruck

Printed in Germany
ISBN 3-89568-044-3

5. September 1997

Der Augenblick des Unfalls war ein schrecklicher Schock. Zuerst war mir gar nicht klar, was passiert war. Auf seltsame Weise schwebte ich über der Unfallstelle im Tunnel und wunderte mich über diesen eigenartigen Traum. Ich spürte keinen Schmerz und ich war nicht in meinem Körper. Ich sah hinunter auf das Auto-Wrack. Es sah grauenvoll aus – das war nicht ich, nicht meine Zeit – das hat nichts mit mir zu tun, dachte ich.

Dann sah ich, wie ein Mann die hintere Türe öffnete, und ich sah mich selbst dort liegen und auch Dodi, zur anderen Seite geneigt – es sah entsetzlich aus. Als ich ihn sah, wußte ich, etwas Schreckliches war geschehen. Dann spürte ich, wie ich wieder in meinen Körper, der sich unangenehm und sehr schwer anfühlte, zurückging. Obwohl ich anfangs keine Schmerzen hatte, fühlte sich alles in meinem Körper völlig falsch an. Also ging ich wieder hinaus.

Ich sah alles ganz bewußt: wie sie mich in den Krankenwagen legten, wie sie mich ins Krankenhaus brachten, wie sie versuchten, mich wiederzubeleben, sogar wie sie meinen Körper öffneten, um dieses Herz wieder zum Schlagen zu bringen – ich sah alles, verwirrt, im Schock, und auch mit Mitgefühl für diese Menschen, die sich so sehr bemühten, manche von ihnen weinten sogar. Trotzdem war ich umgeben von diesem Licht, von dieser Kraft, die mir in diesem Moment das Gefühl gab, daß alles richtig sei.

Ich sah diesen Körper, meinen Körper – und ich wußte, er war zu verwundet – ich sah, daß nichts mehr getan werden konnte. Ich gab meinen Körper auf – und er starb. Immer noch arbeiteten sie verzweifelt daran, und wenn mich nur jemand hätte hören können, hätte ich ihm gesagt, daß ich mich entschieden habe zu gehen. Daß sie aufhören konnten ... und schließlich taten sie es. Es ist nicht ihr Fehler ... bitte ... es ist nicht ihr Fehler. Sie haben alles getan, was ihnen möglich war.

Den Schock spürte ich nicht mehr, aber ich hatte plötzlich große Sehnsucht nach meinen Kindern.

Ich konnte sofort bei ihnen sein. Sie waren offenbar schon im Bett, als ich zu ihnen kam. Es war ganz ähnlich, wie wenn ich sonst bei ihnen war – nur konnte ich sie nicht berühren, konnte sie nicht küssen, wie ich es sonst tat. Aber ich konnte all meine Liebe mit ihnen teilen.

In diesem Moment wußte ich nicht nur, sondern mir wurde erst so richtig klar, daß ich tot war – und es war ein Schock, weil ich daran dachte, wie sie sich fühlen würden, wenn sie es wüßten. Ich sprach mit ihnen, und die Art, wie Harry seinen Kopf im Schlaf bewegte, ließ mich hoffen, daß er mich gehört hatte. Ich fühlte mich ihnen so unendlich nah ...

7. September 1997

Charles. Ich liebte ihn von ganzem Herzen. Schon früh sah ich seine verborgene Verletzlichkeit, etwas, das er durch seine Erziehung hindurch hatte retten können. Seine feinen Gedanken, seine Verspieltheit, seinen Humor. Vielleicht war das etwas, das er von Queen Mum geerbt hatte – besonders diese Zartheit seines Herzens. Was ich an ihm so schätzte, war sein – wie soll ich es sagen – sein philosophisches Genie. Wir haben oft darüber gesprochen, wie die Dinge in der Welt sind, warum es Hunger und Katastrophen, Krieg und Ungerechtigkeit gibt. Ich bewunderte ihn wegen seiner tiefen Gedanken, und ich glaube, daß er meine Bewunderung sehr liebte. Er sah die Dinge von einer weiten Perspektive aus – er sah die Zusammenhänge von Ursache und Wirkung sehr vielschichtig. So lernte ich viel von ihm, und ich liebte es, mit ihm zu diskutieren.

Besonders wenn er aus der Rolle des „Prinzen“ herausgeschlüpft war, wenn er sich außerhalb der Windsors bewegte, war er besonders wundervoll – und auch sehr entspannt. Jedoch wenn wir uns einem offiziellen Anlaß näherten, wurde er verspannt und irgendwie seltsam. Er verlor sozusagen die Verbindung zu seinem Herzen – und so auch die Verbindung zu mir.

Es ist allgemein bekannt, daß sein Vater Philip mich nicht mochte. Aber da war noch etwas, was schwerer wog. Ich war offensichtlich eine Garantie für etwas in Charles, das er, Philip, ihm nicht hatte nehmen können. Offensichtlich war ich ein Schutz dieses so besonderen und erfindungsreichen Kindes in Charles, der kindlichen Eigenschaften, die Philip weder sich selbst noch seinem Sohn zubilligen wollte. Philip ist voller versteckter Wut allen Dingen gegenüber, die er selbst nicht haben kann – und eines davon war: diese wahrhaftige und frische eheliche Liebe zwischen Charles und mir. Mich fröstelte immer, wenn ich ihm nahe kam. Er hasste die Lebenskraft in mir – ich war sein ausgemachter Feind. Er wollte nicht, daß sein Sohn das alles hatte – eine Ehefrau, eine liebende Frau, einen Körper voller Leben und Eros. Nein, das wollte er nicht in seinem Königreich der Leblosigkeit.

In vielerlei Hinsicht tolerierte bzw. unterstützte er sogar die Beziehung zwischen Charles und Camilla.

Selbst nicht verläßlich, sah er seines Sohnes Treuebruch mit gewisser Sympathie. Ich hatte immer das Gefühl, daß Camilla tot war, ein Leichnam. Sie war eine Art Krankenschwester, die sich an Charles Wunden und Depressionen labte – eine irgendwie perverse Beziehung, die einen bestimmten Todesgeruch an sich hatte. Aber dieser Todesgeruch war der allgemeine Geruch der Windsors. Das perverse und morbide Vergnügen am lebendigen Totsein.

In vielerlei Hinsicht kam ich auf die Welt, um eine neue Art Königreich zu verkünden – aber ganz besonders kam ich, um Charles zu helfen, selbst ein König des Herzens zu werden. Erst nach einigen Jahren erkannte ich, daß er das wohl nie werden würde. Das war ein tiefer Schmerz für mich. Er machte mich sogar lächerlich, wann immer ich versuchte, ihn an sein Herz zu erinnern. Es gab viele sehr schmerzhafte Auseinandersetzungen. Es gibt einen Teil in ihm, der sehr wohl in der Lage ist, Lebensfreude und Liebe zu geben, und es gibt einen Bereich in ihm, wo er ein Windsor ist – ganz in der Kontrolle befangen und nur „da" für das Volk von Britannien. Für das Volk? Für die Menschen ...?

Ich habe nie gespürt, daß er wirklich für die Menschen da war. Das Königshaus war für sich selbst da. Es war da als Repräsentant der alten imperialistischen kolonialistischen Macht. Aber die hat mit der Weisheit eines Königs nichts zu tun.

Nur Queen Mum schien das zu erkennen – die älteste Vertreterin. Aber irgendwie war sie nie eine Windsor. Sie war voller Liebe – aber sie hatte aufgehört, etwas Kritisches zu sagen – nur manchmal sagte sie etwas zu mir, lächelte mich an oder streichelte mich, und gab mir so ohne Worte zu verstehen, daß sie mich verstand.

Ja, es ist wahr, ich kam für Charles und meine Kinder, aber hauptsächlich für Charles. Und daher war es so ein Schmerz für mich, daß ich versagte. Deshalb habe ich mich mit dem Messer an der Brust verletzt – nicht weil ich an mir selber litt oder meiner Depressionen – sondern wegen Charles. Du, Charles, den ich dort stehen sah – mit all der Liebe und Wärme, zu der du fähig schienst – und sie nicht geben konntest.

Ich weiß, daß es dich tief bewegt hat, als du mich von Paris nach England holtest. Mein Tod hat den den Raum deiner Seele berührt, den ich im Leben nicht öffnen konnte. Und das war zu meinen Lebzeiten so ein Schmerz für mich!

Und William, mein lieber, geliebter William. Was soll ich sagen? Ich sah dich im Schlachtengetümmel zwischen uns, zwischen deinem Vater und mir, leiden. Mittendrin warst du in der schmerzbeladenen Zerissenheit zweier getrennter Welten, die eigentlich hätten verschmelzen wollen und sollen.

Charles und ich, wir sind beide in William vereint. Deshalb ist es so wichtig, daß William Lehrer bekommt und Leute um sich hat, die ihn verstehen – die die beiden Anteile in ihm unterstützen können – meinen und den von Charles. Dann kann er werden, was wir beide, Charles und ich, als Paar nicht wurden.

In vieler Hinsicht war ich die sich verströmende formlose Liebe, und Charles war die Form – auch als der zukünftige König. Wir beide zusammen, wir hätten etwas ganz Besonderes sein können. Und nun wird William dieses Besondere sein, wenn man ihn läßt und ihn unterstützt. Ein Hindernis könnte sein Vater sein, denn er möchte König werden. Er möchte König nach seinen eigenen Ansichten werden – unabhängig von seiner

Mutter, unabhängig von seinem Vater – aber auch unabhängig von mir. Eine tragische Figur – ein Märtyrer – und er liebt seine Märtyrerrolle sehr. Wenn es so ausginge, hätte niemand große Freude an ihm. Allenfalls Camilla, denn sie unterstützt seine Märtyrerrolle und bei ihr kann er Märtyrer sein.

Ich habe oft wie eine Märtyrerin ausgesehen – aber ich war keine – es ist nicht meine Natur. Meine Natur ist es, sich zu freuen, zu leben und zu lieben. Ich springe und tanze gerne, und Charles konnte mich an einem Punkt in unserer Ehe nicht mehr aushalten, denn ich habe ihn – unabsichtlich – dazu gebracht, wählen zu müssen. Wenn er mit mir sein wollte, mußte er wählen, seine Märtyrerrolle abzulegen.

Aber das wollte er nicht. Schließlich wollte er doch bleiben, was er war, und so wollte er mich in dieselbe trockene Wüste ziehen, in der er sich aufhielt. Er konnte es nicht mehr aushalten, wenn ich lachte und kicherte. Er lachte manchmal auch – aber es war eher ein ironisches Lachen, sarkastisch – es war irgendwie nicht lebendig. Es ist schwer zu beschreiben.

Und doch gab es da wieder diese Momente tiefer Liebe zwischen uns und dieser gemeinsame Humor – wenn wir uns erlaubten, wie Kinder zu sein. Aber das passierte immer seltener – und er schien sogar Angst vor diesem natürlichen und unberührten Teil in ihm zu haben. Es war, als fürchtete er, daß dieser Teil erkannt und ihm dann wieder weggenommen würde. Und so wollte er lieber, daß es in ihm und um ihn herum erstarb. Das war sehr traurig.

Aus meiner Sicht war es hauptsächlich sein Vater, der es dem Jungen sehr klar machte, daß das Leben nicht wirklich lebenswert sei, daß es eigentlich nur Opfer und

Leiden gibt – und – als ein Ausgleich dafür: fragwürdiger Spaß, Sarkasmus und ein gewisses billiges Machtgefühl.

Die Königin. Es gab Zeiten, da dachte ich, ich verstünde sie und sie verstünde mich. Es gab Zeiten der Hoffnung, in denen ich glaubte, ich wäre ihrem Herzen nähergekommen. Aber dann sah ich auch, wie sehr sie selbst litt. Ihr Schmerz war anders. Es war der Schmerz, Britannien und die Tradition Britanniens zu verlieren. Den Kontakt zur ruhmreichen Geschichte zu verlieren. Sie war so verbunden mit der Größe Britanniens und so verliebt in seine Verheißung und sein Sendungsbewußtsein, so daß sie sehr unter der eher saloppen Art ihrer Söhne litt. Weder Charles noch sein Bruder schienen den nötigen Charakter und das nötige Profil zu besitzen. Es gab offensichtlich niemanden, der es vermochte.

Und so war ich schließlich noch eine zusätzliche Bedrohung. Ich bedrohte das gesamte Konzept, daß die Königswürde in der Hand der Windsors bliebe. Ihre Mission und ihr ganzes Ansinnen war es, unter allen Umständen die Monarchie am Leben zu erhalten, um dem Volk Stärke und Führung zu geben. Sie dachte, daß es ihre Pflicht sei, die Geschichte am Leben zu erhalten, um die Nation zu einen – um jedermann einen Halt zu geben, ein inneres Gefühl von Heimat. Fast eifersüchtig wollte sie selbst „Königin der Herzen“ sein – in der Art, wie sie es verstand. Sie sah sehr wohl, wie ich hätte Königin sein können, zusammen mit Charles als der „König des Herzens“.

Die Königin setzte immer das durch, was sie meinte, tun zu müssen. Ich bewunderte ihre konsequente Art und ihre Stärke – aber manchmal spürte ich ihre Eifersucht sehr deutlich. Sie hatte ihre Kinder dem Moloch der königlichen Erziehung überlassen – und das wollte sie auch für meine Kinder. In der Welt, die ich ja jetzt verlassen habe, ist das eine sehr seltsame Sache. Die Leute wollen so häufig, daß andere dieselben Schmerzen erleben, durch die sie selbst hindurchgegangen sind. Und sie denken auch noch, das sei tugendhaft. So wollte die Königin, daß ich meine Kinder dasselbe Los erleiden lasse, das sie Charles erleiden ließ. Weil sie ganz offensichtlich nicht den Schock erleben wollte, sehen zu müssen, wie anders sich William entwickeln würde – anders als Charles. Ein William, der nicht durch all diesen Schmerz und Kampf hindurch gehen mußte.

Harry dagegen ist vielleicht äußerlich nicht so sensibel wie William. Er wird seinen Weg gehen. Er wird Dinge ins Auge fassen, ohne irgend jemanden zu fragen – und er trifft jetzt schon seine diesbezüglichen Entscheidungen. Er wird eines Tages die Menschen in Atem halten mit all den Dingen, die er unternehmen wird. Er wird ein Mann der Gerechtigkeit sein, während William ein Mann des Herzens und der Anmut sein wird. Harry wird eines Tages Dinge sagen, die viel weitergehen als die Worte, die in diesem Buch geschrieben sind – niedergeschrieben durch diesen Mann, der willens ist, zuzuhören.

Ich bin gekommen, weil die Welt in großem Aufruhr ist. Es geht um die alten Mächte, die die Mächte des Lichts, des Neuen, bekämpfen. Die Mächte des Alten werden tun, was in ihrer Macht liegt, um die Kräfte des Neuen zu behindern. Ich war ein Advokat des Neuen, im Nabel der Welt, England. Ja, in vieler Hinsicht ist England der Nabel der Welt – der Solarplexus der Welt – das starke gelbe Licht, das die Kraft der zukünftigen Verwandlung unterstützt und vorantreibt.

Für mich bestand die Wahl nur darin, wie ich meine Mission vollende. So hatte ich die Wahl, ob ich alles auf eine Karte setzte und eine Schockwelle auslöste, oder ob ich in den nächsten Jahren so vor mich hin plätscherte. Ich habe mich dazu entschieden, eine Schockwelle auszulösen, weil alles so nahe am Umschwung ist – und ich sah nicht, wie ich besser hätte dazu beitragen können, als durch das, was ich tat.

Als körperliches Wesen hätte ich das nicht gewählt – aber mein spirituelles Wesen wollte dies so. Ich habe mein weltliches Leben zusammen mit Dodi abgeschlossen und ich führe es mit Dodi weiter. Ihr habt keine Vorstellung davon, wie wundervoll das ist! Wir sind die ganze Zeit zusammen, voller Liebe und haben viel Spaß miteinander – nachdem wir den ersten Schock überwunden und unsere Arbeit mit all denen beendet hatten, die wir lieben, mit unseren Verwandten, Eltern, Geschwistern. Jetzt sind wir hier – und können so viel effektiver sein.

Es ist wahr, daß wir uns eigentlich nicht so früh hätten begegnen sollen – aber nachdem unser beider Leben die Wendung genommen hatte, die sie nun einmal genommen hatten, haben wir uns entschieden, unsere Träume zu verwirklichen – zuerst in menschlicher Form und nun in spiritueller Form. Aber wir SIND zusammen. Dies ist UNSER Spiel, es war es, es ist es und es wird es immer bleiben.

Es war sicher nicht das, was wir als Lebende unbedingt wollten – aber jetzt verstehen wir das Ganze.

So möchte auch Dodi seine Verwandten trösten und sie bitten, nicht mehr länger so um ihn zu trauern. Er bittet sie, sich auch nicht der Vorstellung von einer Verschwörung oder ähnlichem hinzugeben. Wenn es wirklich eine gegeben hätte, dann wäre sie nur dazu da gewesen, daß wir unsere Mission erfüllen konnten. Bitte versteht. Es gibt keine Schuld. Es gibt keine Schuldigen. Es gibt keine bewußte Verschwörung.

23. September 1997

Ich hätte bleiben können – aber es wäre so viel schwieriger gewesen. Ja, es ist wahr, ich war schwanger. Ich war an diesem entscheidenden Punkt, an dem ich wählen mußte. Ich fühlte bereits diese neue innere Kraft, das neue Licht am Horizont – aber auch die große Gefahr. Gefahr für meine Kinder, Gefahr für eine Ehe mit Dodi mit all den Problemen, mit all den jetzt noch kontroverseren öffentlichen Diskussionen. Zu viele äußere Kräfte, zu viele Extreme hätten möglicherweise unsere Beziehung auseinandergerissen. Sie hätten uns unser gemeinsames Traumleben nicht unversehrt leben lassen.

Vielleicht wird jetzt die Mission, für die ich kam, in den Herzen der Menschen fortgesetzt.

In unseren Stunden der Zweisamkeit haben Dodi und ich uns auch darüber unterhalten, was sie wohl alles mit uns tun würden. Wir erwogen die Schwierigkeiten und die Verletzlichkeit unserer Liebe. Ich, eine Christin, er, ein Moslem – ein Leben in Liebe und Frieden? Kann jemand ermessen, was für eine öffentliche Herausforderung das gewesen wäre – und wieviele Kräfte es gegeben hätte, dies zu stören, lächerlich zu machen, gar zu verhindern? Und wer hätte darunter leiden müssen? Meine Familie, seine Familie, die Kinder ...

Ja, ich sehe es jetzt sehr viel klarer: Jeder Mensch steht mitten im Kampf zwischen Macht und Herz – zwischen der kalten uralten Macht, die die Dinge so halten will, wie sie immer waren – und der neue Macht der Liebe und des Herzens. Meine Schmerzen und meine Kämpfe, meine schmerzhafte und zerstörte Ehe, meine Versuche, glücklich zu sein, und die „Tragik“ meines Todes: für viele von euch, ihr Frauen der Welt, all die, die den Weg des Herzens gehen wollen, soll dies ein Zeichen sein – ein Symbol dafür, daß ihr euch selbst und eure Leidenschaft und Sehnsüchte versteht.

Ich starb, damit ihr lebt. Ihr SOLLT leben, ihr sollt euch dem Leben zuwenden, wie es euer Herz befiehlt – und niemals aufgeben. Ich habe niemals aufgegeben. Ich habe mich verletzt, ich wollte manchmal Abschied nehmen – aber ich habe nie aufgegeben oder noch besser, nie nachgegeben. Es war nicht möglich. Jedesmal, wenn ich in meiner Verzweiflung dem Tod so nahe war, dann war wieder jemand da, war wieder etwas da, ein Sonnenstrahl, der mein Herz berührte – und ich habe mich wieder dem Leben zugewandt.

Mein Tod in Paris war kein Selbstmord, ganz und gar nicht. Und ich wurde auch nicht umgebracht. Ja, es waren Menschen beteiligt – und die weiteren Untersuchungen werden dies zutagebringen – aber sie haben einem übergeordneten Zweck gedient – und sie lernen etwas über sich selbst. Sie lernen – wie die Paparazzis, die ich mitunter so verabscheute, weil sie in die Privatsphäre eindringen und das wertvollste Gut des Menschen verletzen – die Menschenwürde. Es ist gleichgültig, was für Aufnahmen sie schießen. Sie werden von den einen gemacht und jemand anders interpretiert sie dann, der nichts über die Situation und über ihre wahren Umstände weiß. Es ist, als ob man ein Stück aus einem Puzzle herauslöst und es in ein anderes Bild einfügt, das krank ist und voller Lügen.

Ja, es war so und sie sollen es wissen: Die Blitze haben Henri geblendet und nicht nur ihn, sondern auch andere Wagen, die in diesem Tunnel fuhren. Henri konnte nicht mehr richtig sehen und den Wagen, der schon schlingerte, nicht mehr abfangen.

25. September 1997

Als Kind konnte ich überglücklich und fröhlich sein, aber auch in tiefer Verzweiflung. Mein Vater sagte oft von mir, daß ich sehr extrem sei und sehr emotional. Aber auch er war sehr emotional ... so hatte ich dies wahrscheinlich von ihm.

Als Kind hatte ich sehr einsame Tage .. aber ich liebte diese Tage auch. Ich hatte schon damals Visionen über mich als Königin. Ich kannte ja auch Charles schon. Ich sah mich als Frau mit vielen Kindern und mit der Möglichkeit, anderen helfen zu können. Ich sah mich in der Rolle, anderen Kindern zu helfen, arme Menschen zu umarmen und zu küssen und Alten und Kranken beizustehen. Manchmal weinte ich heftig bei den Geschichten von Kindern, die keine Eltern hatten, und ich war entsetzt über Bilder des Krieges, zum Beispiel über das Bild vom Vietnamkrieg, wo ein kleines Mädchen vor den Napalmbomben flieht. Ich konnte die Angst, den Schrecken und den Schmerz dieser Kinder spüren. Nächtelang konnte ich nicht schlafen, und meine Träume waren voll von diesen schrecklichen Bildern. Ich war erfüllt von Mitleid und dem Bedürfnis zu helfen.

Wenn ich nur etwas tun könnte ... dachte ich, und ich sprach darüber oft mit meinen Freundinnen. Wir sprachen darüber, wie es wäre, wenn wir so viel Macht hätten, in diesem Elend Entscheidungen zu treffen, und wie ANDERS wir entscheiden würden. Ich dachte soviel darüber nach, was ich tun könnte, um zu helfen, was für eine Art Leben ich führen müßte, um den Einfluß und die Macht zu haben, wirklich helfen zu können.

Wann immer ich mit Charles zusammen war, spürte ich, daß auch er Mitgefühl hatte. Auch er wußte von den schrecklichen Dingen in der Welt, und ich vertraute ihm, daß er dies als König ändern würde. Und ich hatte gute Gründe, zu glauben, daß er damit sogar Erfolg haben könnte. Ich wußte, daß er sich gegen die bisherige Art der Monarchie auflehnte. Auch er dachte, daß ein Mann in königlicher Position aktiver sein und den Finger auf die Dinge legen sollte, die ungerecht, falsch und für die Gesellschaft schädlich waren. Erst später fand ich heraus, daß es einen großen Unterschied zwischen seinen und meinen Gedanken gab – und auch in der Art, tätig zu werden.

Es war seltsam. Nach unserer Hochzeit fühlte ich mich in eine fast kindliche Liebe zu ihm zurückversetzt. Es gab niemanden außer ihm. Ich dachte nicht einmal mehr an die Träume meiner Kindheit. Ich wollte nur bei ihm sein, ihm helfen, ein noch besserer Prinz von Wales zu sein, ein besserer Thronfolger. Ich wollte ganz einfach nur unsere Liebe genießen – ja, ganz romantisch – wie es die Hochzeit verhieß ... ja, ein Märchen. Und ich dachte und hoffte, daß das Märchen weitergehen würde – ja, so naiv war ich.

Ich liebte ihn so sehr, und ich dachte, meine Liebe zu ihm würde seine zu Camilla auslöschen. Sie war natürlich in all dem erfahren, was ich nicht wußte ... und woran ich mich auch gar nicht halten wollte. Schon in meinen Flitterwochen mit Charles machte ich als „seine Frau" viele Fehler – und manchmal dachte ich sogar, daß es für Charles o.k. war, denn auch er machte so seine Witze über das Protokoll. Von früh auf hörte ich ihn stöhnen und sarkastische Bemerkungen über die königlichen Pflichten und den Kodex machen. Aber jedesmal, wenn ich mich seinem Sarkasmus anschloß und wirklich gegen die Regeln verstieß, war er ärgerlich. So als ob er sich zwar gerne über alles aufregte und es ironisierte – aber nie wirklich seine Rebellion offen leben wollte und besonders nicht wollte, daß ICH die Regeln brach.

Und da war immer wieder Camilla, seine letzte Zuflucht, seine Schmerzen zu lindern in seiner Zerrissenheit zwischen den zwei Welten – der Welt eines freien machtvollen Mannes und der Welt eines in Vorschriften eingezwängten Prinzen, eingekerkert durch seine Art der Erziehung, eingefangen in den Fallen und Festungen einer Kindheit voller Einsamkeit und Kälte, wo niemand für diesen genialen und tief empfindenden jungen Mann wirklich da war.

Und weil ich diesen Schmerz nicht verstand, weil ich einfach nur unschuldig lachte, wenn ich einen Fehler gemacht hatte, war es für mich einfach anders. Er dagegen konnte in tiefe Schuldgefühle gehen und in Verzweiflung – und dann war Camilla immer wieder zur Stelle, mit ihrer erfahrenen Art, die Dinge zu sehen – ihrem Realismus, der mir fremd war.

Ich kann das alles jetzt sehr viel besser verstehen – damals konnte ich es nicht. Ich war ja kein Psychologe. Aber von Anfang an lag über unserer Ehe dieser Schatten, daß ich eine Frau war, die ihm nicht gerecht wurde. Ich konnte auch nicht verstehen, wie er vor und nach unserer Hochzeit zu Camilla gehen konnte. Ich konnte wohl verstehen, daß es jemand geben müßte, der seine Schmerzen, die Schuld und die Spaltung in seiner Seele zu lindern verstand – eine tiefe Zerrissenheit, die ich zu dieser Zeit weder sehen noch damit hätte umgehen können – aber es war sehr hart für mich, daß er die Beziehung zu ihr beibehielt. Wenn ich das damals verstanden hätte, dann hätte ich auch den grundlegenden Unterschied zwischen mir und Charles verstanden – und den Unterschied zwischen mir und Camilla. Und vielleicht hätten wir sogar einen Ausweg gefunden. Ich war diejenige, die seine Schmerzen lindern wollte – und ich konnte es nicht, nicht auf meine Art.

Ich wollte meine Träume mit Charles verwirklichen. Aber als ich feststellte, daß er nicht wirklich mit mir zusammenarbeiten wollte, begann ich nach Wegen Ausschau zu halten, wie ich meinen Traum alleine in die Wirklichkeit umsetzen konnte. Und ich fühlte mich dabei sehr im Stich gelassen.

Die Jahre, schon ab 83, waren voller Einsamkeit. Sie ist nicht leicht zu beschreiben: eine Einsamkeit wie ein Echo vielleicht. Du sagst etwas, und es hallt einfach nur zurück – es berührt niemanden, und es berührt am wenigsten deinen eigenen Ehemann. Er begann, sich von mir zurückzuziehen. Er begann, meine Küsse und meine Berührungen zurückzuweisen. Ich fühlte, daß er sogar begann, die Wärme meines Körpers abzulehnen. Es war, als ob diese Wärme ihn an ein Leben erinnerte, das er selbst nicht leben konnte. Vielleicht erinnerte ich ihn an Träume, die er selbst als Kind hatte. Ich erinnerte mich öfters zurück an die Zeit, als ich ihm als Kind begegnet war. Wir hatten so viel Spaß zusammen – richtig reinen wunderbaren Spaß. Aber als dann später dieses Verlangen einer Frau da war, fühlte ich, daß er es zurückwies.

Ich konnte es nicht verstehen. Ich gab doch alles. Ich tat schon damals Dinge für ihn, die ich nie für einen anderen getan hätte.

Ich sagte mir in diesen Zeiten oft: Ich will jetzt tun, was er sagt und was er von mir möchte. Ich will tun, was er für richtig hält. Ich werde es aushalten. Ich werde diesen langweiligen Tag mit all den sinnlosen Reden und Empfängen an seiner Seite durchstehen – mit Leuten, die alles haben und doch nichts tun. Ich werde es aushalten, ich werde eine gute Frau sein, ich verspreche es. Aber auch dann schien es immer noch nicht gut genug zu sein. Immer wieder passierte etwas, von dem er danach sagte, daß ich es verbockt hätte.

In den Nächten, wenn ich so müde war und mir nichts sehnlicher wünschte, als in seinen Armen zu liegen und alles zu vergessen, einfach nur den Tag ausklingen zu lassen – dann begann er darüber zu reden, was alles daneben gegangen war und vor allem – was ich alles falsch gemacht hatte. Und ich wußte doch, daß auch er unter diesen Tagespflichten litt. Aber dann ... die Nächte .. sie waren auch nur eine Verlängerung der Schmerzen und der Einsamkeit des Tages. Selten genug fanden wir dann schließlich doch noch zueinander – vielleicht aus Erschöpfung oder aus reinem Körperverlangen.

Wenn ich damals schon gewußt hätte, was ich jetzt weiß, ich hätte das alles besser verstanden. Aber damals schaute ich zu ihm auf. Er war 13 Jahre älter als ich. Für mich war er ein Mann, der ALLES wußte, und so habe ich immer die Schuld auf mich genommen. Es mußte mein Fehler sein, wenn er mit mir ärgerlich war oder wenn er mich zurückwies.

Ich war in der Rolle einer Prinzessin, die ihren Prinzen gefunden hatte – einen Prinzen, der weise und klug ist. Und ich war die Prinzessin, einfach nur die Prinzessin, die kindisch und unschuldig verliebt war.

Das wollte ich auch. Ich wollte das sogar bleiben. Aber das schien er nicht auszuhalten, damit konnte er offensichtlich auf nicht umgehen. So trug ich zu seinem Schmerz und zu seinen Schuldgefühlen nur noch bei.

Als William geboren war und in den Jahren, als er aufwuchs, wurde meine Einsamkeit erträglich. Und ich denke sogar, William rettete mein Leben. Vom ersten Tag an, als ich ihn in meinem Bauch fühlte, – eigenartig zu sagen – spürte ich, daß da derjenige war, der mich wirklich liebte und verstand. Es war ein seltsames Gefühl. Es fühlte sich sogar so an: Hier in mir ist der wirkliche Charles.

Und – obwohl ich diese Gedanken bekämpfte – wurden sie immer stärker, bis ich sie nicht mehr bekämpfen konnte. Dieses wachsende Leben in mir war ein Versprechen, daß alles, woran ich glaubte, Wirklichkeit werden kann – die Freude, das Lachen, das Mitgefühl und die Liebe. So oft habe ich mit meinem Kind in meinem Bauch gelacht, und so oft habe ich ihn jauchzen hören, während er sich so lustig und so herrlich bewegte. Wir hatten soviel Spaß.

Da war natürlich auch das andere bange Gefühl: Was wird geschehen, wenn er geboren ist? Wie kann ich ihn vor einer Welt des Mißbrauchs und des Unverständnisses schützen? Aber ich habe diese 9 Monate genossen, und ich versuchte, immer bei meinen glücklichen Gedanken zu bleiben und die Gedanken der Angst beiseite zu schieben. In dieser Zeit entstand diese tiefe Verbindung zwischen William und mir. Und ich möchte dir sagen: Ich werde immer bei Dir sein.

Ja, die Zeit der Schwangerschaft hat mein Verhältnis zu Charles verbessert – aber ich glaube, hauptsächlich deshalb, weil ich mich mehr auf das Leben in meinem Bauch als auf mein Eheleben konzentrierte.

1. Oktober 1997

Man kann sich schwer vorstellen, wie mir zumute war, als sie mir im Scheidungsvertrag die Kinder wegnahmen. Es war, als ob ein Schwert mein Herz durchbohrte. Damals habe ich mich an die Worte Marias, der Mutter Jesu, erinnert, wie sie sagte, daß der Verlust ihres Sohnes sich anfühlte wie ein Schwert, das ihr Herz durchdrang. Es fühlte sich für mich an wie ein Doppelschwert, ein zweiter Tod nach dem Tod meiner Ehe. Es war so schlimm und so schrecklich – ich war wie betäubt. Ich habe mich stundenlang übergeben. Ich konnte nicht essen, ich konnte nicht schlafen, ich konnte nicht einmal mehr weinen. Ich stand dort am Fenster, klammerte mich an den Vorhängen fest, schmiegte mich an sie und versuchte mir einzubilden, daß sie etwas Warmes und Menschliches an sich hatten, etwas, das mich hätte halten können. Es war noch viel schlimmer als die Trennung meiner Eltern und der Verlust meiner Mutter – aber es fühlte sich ganz ähnlich an.

Warum muß ich nur immer wieder sterben, warum all das Sterben in meinem Leben und alle denken, daß ich so lebendig bin! Ja, ich bin es und ich war es – ich war so lebendig – wenn es nur eine Sekunde war, eine Minute, in der ich mich so richtig lebendig fühlte, dann nutzte ich sie. Aber könnt ihr euch vorstellen, wie es ist, zu sterben, während man doch noch lebt – und du kannst das nur in einer Krankheit äußern, die sich Bulimie nennt?

Ich möchte euch Frauen, die ihr diese „Krankheit" habt, sagen, daß sie „nur" eine tiefe, vielleicht sogar wichtige Reaktion eures Körpers auf den schmerzhafte Konflikt mit eurer Umgebung ist. Du übergibst dich, das ist der Teil des „Sterbens", und dann ißt du wieder wie verrückt, und das ist der Teil des „Lebens". Es ist wie in einem Schiff auf hoher See im Sturm – ein Sturm, entfacht durch die Leidenschaft und das Verlangen des Lebens, und der Angriff des Todes – ein Angriff durch Menschen, schlimme Umstände, oder beides.

Ich sehe von da, wo ich jetzt bin, sehr viel klarer: Das ist der große Kampf in der Welt, der Kampf zwischen Leben und Tod – dem richtigen Leben und dem richtigen Tod. Ich rede hier nicht von dem Tod, mit dem wir unser Leben beenden. Dieser Tod ist ein Freund, ein Licht.

Aber der wirkliche Tod ist in der Welt, in Menschen, die nicht mehr zu leben wissen. Die sich an alles klammern, was irgendwie nach Leben aussieht, sei es Macht, Geld, Positionen, alte Positionen, alte Ideen, Kriege, sinnlose Auseinandersetzungen, Verwüstung und Ausbeutung von Mensch und Natur. Und die, die wirklich das Leben lieben, die so gerne leben – auch die Menschen in der sogenannten Dritten Welt – sie sind zum Tod verdammt. Auf meinen Reisen habe ich so viele arme und kranke Menschen gesehen, und dennoch waren sie lebendiger als die, die alles haben und im Überfluß leben. Ich fühlte mich so sehr zu denen hingezogen, die man die Unterprivilegierten nennt. Gerade die waren oft ein Trost für mich. Und wie oft war ich zu Tode gelangweilt, und alles tat mir weh in dieser grauen Leblosigkeit der sogenannten Guten Gesellschaft. Da gab es kein Leben, da war alles Form. Leblose Form, die weder leben noch sterben kann.

Mein geliebtes England, geliebtes Land, du wirst dich verändern. Du wirst nicht bleiben, wie du warst. Wie schon in einem anderen Leben kam ich auch diesmal an der Schwelle zu einer neuen Zeit. Ich wußte das noch nicht zu meinen Lebzeiten, aber jetzt weiß ich es. Ich kenne alle meine Leben – ich kann sie sehen – ich kann sie vergleichen. Wir alle haben viele Leben – und sie sind wie einzelne Stufen. Jede Stufe bringt uns einen Schritt weiter in unserer Lebensaufgabe, in unserem Fokus.

Englands Aufgabe, geliebter Tony Blair – Du wirst ihr neue Flügel verleihen. Du mit deinem Charisma, mit Deinen Einsichten, mit Deinen Visionen und Deinem guten Herzen, Du wirst den Sieg erringen. Du bist die Hoffnung Englands, die Hoffnung Großbritanniens, sogar die Hoffnung Europas und des Planeten Erde. In mancher Weise gibt es eine Verbindung zwischen meinem Tod und Deinem Erfolg. Ich bete dafür, daß sie Dich gewähren lassen. Mein Geist wird mit Dir sein.

Es gibt Kräfte in der Welt, die ich eben verließ, die den Wandel nicht wollen. Sie wollen nicht den Vormarsch des Herzens. Sie wollen kontrollieren: Seelen, Liebe, Gefühl und Emotionen und Lebenskraft. Und was ist der Schatz des Menschen? Der Schatz des Menschen ist Liebe und Gefühl. Die Vernunft wollte schon immer die Emotionen kontrollieren. Aber es hat nie geklappt. Man hat Emotionen bekämpft, man hat gegen sie sogar Kriege entfacht ...weil Lebensfreude und Gefühle den Wandel hervorrufen – im Herzen der Menschen, in Völkern und Nationen.

Als in Deutschland die Mauer fiel, habe ich sehr geweint. Ich weinte aus Liebe, wegen der Hoffnung, die sich auftat, wegen dieser neuen Welle, die den Frieden brachte. Es gab zu der Zeit viele in meiner Umgebung, die mich argwöhnisch betrachteten, und manche waren sogar ziemlich sauer. Ich konnte auch kaum mit Charles darüber sprechen. Wie so viele hatte auch er Angst, daß dieses Deutschland zu seiner Macht und Dominanz zurückkehrte. Ich war darüber bestürzt, daß das das Einzige zu sein schien, was sie bewegte. Sie haben nicht dieses Wunder gesehen, daß es den Leuten gelungen war, eine Mauer einzureißen. Ich fühlte mit ihnen, ich weinte mit ihnen, ich lachte mit ihnen – ich konnte so sehr nachfühlen, wie es ist, wenn diese Wand der Trennung fällt und die Menschen sich wieder umarmen und küssen können.

Nach dieser Zeit war ich noch mehr motiviert, Mauern einzureißen, wo immer sich mir die Möglichkeit bot. Ich sah Mauern, die von Politikern errichtet waren, von Moralität, von Religionen – von all jenen, die denken, daß sie wissen, wie Menschen sind.

Wer weiß denn, wie Menschen sind? Was sie brauchen? Was ihre Vision ist, ihre Liebe, ihre Vorstellung vom Leben? Ich jedenfalls mußte weinen, als ich sah, wie sich all die Familien wiederfanden. Gibt es etwas Schöneres als eine Familie? Hat daran überhaupt jemand gedacht, hat jemand das erfühlt? Was ist eine Familie? Ein Kreis der Liebe, ein beschütztes Heim, ein liebevoller Bereich der gegenseitigen Fürsorge? Wieviel Stärke hat eine Familie, wie viel Wundersames? Hast du jemals in die Augen eines glücklichen Kindes geschaut? Gehört viel dazu, ein Kind glücklich zu machen? Genügt nicht ein Moment der Fürsorge, der Zuneigung, ein Wort wie

„Ich bin da, Liebes, ich bin hier, und ich werde dich nicht verlassen ...“?

Was denkst du, Welt, was die Mission und die „Botschaft“ von Mutter Theresa war? Was denkst du, Welt, die glaubt, alles zu wissen? Es war nicht die Botschaft: „Komm her, ich heile dich ...“, sondern diese einfache Botschaft: „Du bist nicht allein... du bist nicht allein ... ich bin hier.“ Das war die Botschaft von Mutter Theresa.

So viel Einsamkeit in der Welt. Die Einsamkeit, die Krankheit und Armut gebiert. Bitte versteht, diese Einsamkeit, die ich überall sah – in der Mitte von Reichtum und Wohlstand, und im zerstörten Bosnien. Weißt du, was ein Kind, ein verwundeter Soldat, ein von Aids Gezeichneter, eine mißbrauchte Frau fühlt, wenn du ihr übers Haar streichst und sagst: „Du bist nicht allein ...“ und wenn du dies aus ganzem Herzen sagst und meinst? Wenn du dem andern in die Augen schaust und es ihm von deinem tiefsten Innern her sagst ...?

Ja, natürlich, es gibt Hilfe, finanzielle, politische – aber die wichtigste Hilfe, die die Welt braucht, ist Liebe. Ja, Liebe – ja, sagen: „Du bist nicht allein ....“ und dann auch da zu sein, zu antworten, ja, eine Ver-antwortung zu übernehmen, ja, zu lächeln, ja, da zu sein, von Mensch zu Mensch. Jemanden zu halten, zu berühren, Leben zu geben, wirkliches Leben. Das ist die Inspiration, die überall vonnöten ist — das ist die Seele zwischen den Menschen.

Beginnt eurer Seele eine Stimme zu geben, fangt an, euren wunderbaren Gefühlen Ausdruck zu verleihen, Gefühlen wie: Barmherzigkeit, Fürsorge, Mitleiden. Natürlich, gebt auch Geld, gebt ab von eurem Reichtum – aber gebt noch mehr vom Reichtum eures Herzens.

All diese Blumen, die ihr niedergelegt habt in Althorp, Kensington, Buckhingham und an anderen Orten, in England, in Frankreich, in der Welt – ich habe diese Blumen auch angesehen als Blumen für diejenigen, die ich liebe. Ich sah, daß die Seele, der ich Gestalt gab, euch tief berührte. Deshalb legt Blumen nieder für die Einsamen. Legt sie nieder für die Verzweifelten. Legt die Blumen eures Herzens nieder und heilt die Familien. Gebt den Kindern das Gefühl, daß es nicht nur einen Gott im Himmel, sondern daß es auch Liebe in eurem Herzen gibt, Liebe und Fürsorge. Bringt Gott herab in die Welt – Gott ist im Herzen der Menschen.

Konzentriert nicht eure ganze Liebe auf Diana – gebt eure Liebe für das, was ich verkörperte. Ja, ich verstehe ja so gut ... die Art, wie ich lebte, und die Art wie ich starb, erinnerte euch an euren eigenen Schmerz und eure eigene Sehnsucht.

Und ihr Frauen, Geliebte der Welt! Habt ihr verstanden? Ihr seid die Hoffnung der Welt – ihr, die ihr in der Mitte von Stürmen, Traurigkeit und Einsamkeit seid. Lasst euch hinaustragen, hinaus aus dem Gefängnis der Vernunft durch die Mauern der Trennung hindurch, hinaus aus dem stacheldrahtbewehrten Gebiet. Entfernt die Landminen von eurem Feld der Träume – viele von euch wissen, was ich damit meine.

Ich habe eure heißen Tränen mitgeweint, ihr Lieben! Nehmt euren Mut zusammen und seid die Frauen der Welt, die sich äußern und das tun, was sie tun zu müssen. Bleibt in der Hoffnung, liebt eure Familien, steht euren Männern und Partnern bei und versteht. Aber geht keine Kompromisse ein. Geht keine Kompromisse mit der Kontrolle ein, mit der Kälte. Weil die, die so kalt sind, die Wärme doch am meisten brauchen. Ja, es bricht einem das Herz, wenn man sieht, daß die, die Liebe am meisten brauchen, sie so furchtbar bekämpfen.

Ich sprach mit den Frauen in Bosnien. So starke Frauen und so verzweifelt. Sie konnten nicht verstehen, wie Gott, wie Maria all diesen Schmerz zulassen konnte. All diese Familien auseinandergerissen, Kinder ohne Eltern, Eltern getrennt – nein, nicht durch die Kälte des Herzens, sondern durch Krieg. All das Schlimme, was solchen Familien geschehen ist, die zusammenbleiben wollten.

Deshalb: befreit Gott, befreit die Göttin in eurem Herzen. Ja, es gibt die Göttin – dieses Licht, das in mir und um mich ist, ist nicht männlich und nicht weiblich. Gott ist beides, und er ist die reinste Liebe und das reinste Mitgefühl, die reinste Freude und das reinste Leben, das man sich denken kann. Ja, auch hier gibt es Leben – es ist anders, aber es ist Leben. Zum ersten Male verstehe ich, daß überall Leben ist. Tod ist nur im Kopf und im Herzen von Menschen.

Landminen. So hinterhältig und brutal, so grauenhaft und so gemein – es gibt keine Worte, die Bösartigkeit dieser Art Waffe zu beschreiben. Man geht fröhlich in der Sonne spazieren, die Vögel singen, der Himmel ist blau und du fühlst diesen Frieden – und plötzlich, ohne es auch nur zu ahnen, bist du für dein Leben verkrüppelt. Du kannst nichts dagegen tun, du kannst es nicht bekämpfen, du kannst es nicht aus der Welt schaffen, nicht bereinigen ... du kannst nur darüber stolpern und du stirbst oder wirst schrecklich verletzt. Du bist buchstäblich in Stücke zerrissen. Ich sah solche Kinder, so schrecklich zugerichtet, schrecklich in ihrem Schmerz und ihrem Kampf ums Leben. Ich sprach mit vielen. Aber noch schrecklicher als die Wunden und die Verletzungen war der Blick in ihren Augen. Ich kann ihn nicht vergessen. Die Augen, die mich anschauten und mich fragten: „Warum?"

Warum? Was konnte ich sagen? Ich hielt eine Hand, ich küßte eine Stirn, ich schenkte eine Blume, ich umarmte, ich lächelte unter Tränen – aber was konnte ich sagen? Was sollte ich diesem erschütterndem „Warum?" antworten? Dieses Warum, das aus der Seele kam ...?

Wißt ihr, was ich im Blick dieser Kinder sah? Den völligen Verlust jedes Vertrauens. Vertrauen in Menschen, in die Welt, in die Zukunft, in sich selbst. Die Psychologie kann da nicht helfen. Psychologische Hilfe ist sicher nötig – aber was so viel wichtiger ist, ist, daß diese furchtbaren Geräte verschwinden – und da spreche ich nicht nur über die tatsächlichen Landminen, die weltweit zu Millionen wissentlich gegen Kinder ausgelegt werden. Ich spreche auch von den Landminen in den Herzen von den Menschen, die solche Minen zulassen. Die sie herstellen und verkaufen. Wie tot müssen jene Leute sein, die ein Loch graben und diesen Tod dort säen und ihn mit Erde bedecken. Was hat die Erde uns getan, daß wir ihren Staub dazu mißbrauchen, unsere Verbrechen zuzudecken? Muß sie sich nicht erheben, muß sie nicht beben, muß sie nicht weinen in Überschwemmungen?

Die Landminen im Herzen der Menschen. Du gehst dahin in Liebe und Unschuld und auf einmal – etwas explodiert, etwas, das du vorher nicht ausmachen konntest. Du hast nicht einmal eine Bedrohung gespürt. Das Ding lag schon lange da, und es wartete nur darauf, zu explodieren. Wer legt die Landminen in die Herzen der Menschen? Wie können wir so tot sein, so gefühllos – daß wir so etwas betreiben oder es zumindest zulassen?

Warum wollen bestimmte Nationen diese Munition beibehalten? Eine Waffe, die ihre eigenen Kinder tötet? Was sind das für Nationen? Bestehen sie nicht alle aus Menschen, aus Familien, aus Männern, Frauen und Kindern, die alle in Frieden leben wollen? Wie können Demokratien überhaupt nur daran denken, das Verbot solcher „Waffen“ zu verhindern?

Ich bin froh, daß weltweit ein Stop der Landminen betrieben wird – zumindest sieht es so aus. Nicht alle wollen diesen Stop. Warum? Weil es Landminen in den Herzen gibt.

Dodi und ich haben oft auch über diese Dinge gesprochen. Er, in seinem zarten Verständnis, verstand, was ich sagte. Er selbst litt unter dem Fundamentalismus seiner Religion. Er litt unter den Grausamkeiten, die im Namen seines Gottes verübt wurden. Nach seiner Auffassung war Gott Liebe und Gerechtigkeit und nicht eine Entschuldigung, um zu töten und zu verletzen.

Wir sprachen oft darüber, was passieren würde, wenn wir heiraten würden. Wie würden die Menschen eine christlich-islamische Heirat verstehen? Würde sie Frieden bringen oder eine Lawine voller Unverständnis und Zwistigkeiten, vielleicht sogar neue Schrecken?

Dodi und ich waren diesbezüglich ein Herz und eine Seele. Wenn wir uns liebten, fühlten wir uns in der Hand des selben Gottes – auch wenn wir darüber nicht sprachen. Es gab keine Meinungsverschiedenheit. Ich konnte ihn so lassen, wie er war, und er mich so, wie ich bin. Zwischen uns gab es nur Liebe, keine Unterschiede, in welcher Hinsicht auch immer. Die Unterschiede sind nur Worte. Er und ich, wir begegneten uns nackt, entkleidet aller Vorurteile und Voraussetzungen, aller kulturellen Verschiedenheiten. Wir waren nur Mann und Frau

– jenseits jeder Vernunft und jedes Urteils. Das ist der Grund und der Wert von Intimität. Hier war Gott, und hier waren wir. Hier war unsere Liebe – und da war auch unser Kind.

Ja, es ist wahr, ich war schwanger. Eine Seele wollte in unser Leben treten – und es war für mich das Allerschönste, was nur geschehen konnte. Ich hatte mir ein Kind von Dodi gewünscht – von meinem ganzen Herzen. Ein Kind, das ich behalten durfte – ein Kind in eine Familie hinein, die wirklich zusammenstand, zusammenlebte. Das war mir wichtiger als Diana, die Königin zu sein. Ich wollte nur eine liebende Frau sein und eine Familie haben. Nichts anderes war wichtig. Und ich sah das von Dodi und seiner Familie gewährleistet.

Mohamed, sein Vater. Ja, viele sagen, er sei ein kaltblütiger Geschäftsmann und ähnliches. Aber ich fühlte mich so beschützt und so gut in seiner Nähe. Ja, er ist ein Patriarch – aber in einer guten Art. Er mag mitunter streng sein – aber man weiß ja: besser eine rauhe, klare Schale und dafür einen weichen und verletzlichen Kern. Mohamed liebte mich wie eine Tochter. Es gab nichts, worüber wir nicht hätten reden können. Und da war auch diese Liebe zwischen Vater und Sohn – sie war so klar, so geradeheraus und so anerkennend. Nein, nicht ohne Probleme, das ist es nicht, was ich hier sage – aber da war Herz und der Wille, ehrlich und wahrhaftig miteinander zu sein.

Ja, ich wollte dieses Kind. Und Dodi war glücklich. Er war nicht ohne Bedenken, das ist wahr – aber er war glücklich. Wir hatten noch keinen Namen – nein.

Ich träumte diesen Traum von einer Familie mit Dodi – an einem geschützen Ort. Vielleicht in Italien, zumindest am Meer, ein Ort am Mittelmeer. Ich sah sie alle dort: William und Harry, wie sie uns besuchen, wie sie mit ihrem Stiefbruder spielen – all das in der guten Atmosphäre der Al-Fayed Familie. In mancher Weise wollte ich diese Familie für William und Harry haben. Eine Art Test war die Zeit mit ihnen in Italien und Frankreich. Sie war sehr friedlich, so wunderbar. Sie mochten Dodi, und Dodi mochte sie. Besonders William schien zu verstehen, nachdem er zuerst so dagegen war. Und auch Harry, auf seine Art.

Ich liebe William übrigens nicht mehr als Harry. Harry ist einfach anders. Er ist wunderbar in seiner Verspieltheit und seiner schöpferischen Fantasie. Ja, ich liebe sie beide sehr tief und mein Geist wird immer mit ihnen sein. Daher wollte ich auch für sie, daß sie eine richtige Familie haben, schon deshalb, weil es in England keine mehr für sie gab.

Charles, ich liebe Dich. Ich liebe Dich noch immer aus ganzem Herzen. Meine Liebe zu Dir ist ewig. Sie ist anders als die Liebe zu Dodi. Hier ist es möglich, tief zu lieben und viele mit derselben Tiefe zu lieben. Das ist nicht so leicht in der Welt. Aber selbst, als ich noch in der Welt war, als ich andere Liebhaber hatte und danach in der Zeit mit Dodi – ich habe nie aufgehört, Dich zu lieben, Charles. Du hast etwas an Dir – und ich habe es schon „vorher“ in anderen Worten beschrieben – etwas, das Du mehr als alles andere bis jetzt bekämpft hast: Liebe und Mitgefühl. Du bist ein König. Ja, es ist so. Und es gab niemanden, der das Innerste Deines Wesens so verstand wie ich. Da ist dieses geniale Kind, das jetzt auf William und Harry übergegangen ist. Wie sehr habe ich versucht, dieses Kind in Dir zu wecken, diese Empfindsamkeit. Und jetzt habe ich in William und Harry damit Erfolg gehabt, die ich unter Gottes Schutz berufe.

Und Du, Charles, ich war Dir so nahe, als Du mich nach London brachtest. Ich fühlte Dein Herz. Wenn ich es gekonnt hätte, ich hätte Dir einen Brief geschrieben, hätte Dich angerufen, in Dein Herz gesprochen – aber weil dies nicht möglich war, sage ich es Dir durch dieses Buch hier – und ich hoffe, es wird Dich erreichen. Aber etwas in Dir hat mich gehört. Du hörtest meine Stimme. Und Dein Herz war da – so stark, daß Du den Regeln nicht mehr gehorchen wolltest, daß Du dich als ein ganz neuer Mensch gezeigt hast in der Zeit vor und nach meinem Begräbnis. Danke dafür, wie Du zu Harry und William warst und immer noch bist – wie Du sie getröstet hast und wie Du ein Vater warst. Du hast es gut gemacht, und deshalb noch einmal: Ich danke Dir.

Und Du Camilla. Ich weiß, daß Du jetzt anders über mich denkst. Was zwischen uns geschehen ist, geschieht oft in der Welt. Da sind zwei Frauen, die eigentlich Freundinnen sein könnten, die sich aber absondern und sich wegen eines Mannes bekriegen. Wie sehr ich die Liebe zwischen Dir und Charles verstehen wollte! Irgendwie war es wohl so, daß jede von uns für einen Aspekt von Charles stand – was zeigt, wie sehr er zwischen diesen Welten hin- und hergerissen war. Deiner Welt und meiner. Warum konnten wir darüber nicht sprechen? Um zu erkennen und zu klären, daß er gewählt hatte – und um darüber zu sprechen, wie er ist, weil wir ihn beide liebten. Was für eine Tragödie, daß wir Frauen nicht sprechen, daß wir um Männer kämpfen und uns aus den Augen verlieren. Und jedes Mitgefühl ...

Wie viele Männer so wollte Charles auch eine Hintertür ... eine Tür, durch die er in etwas schlüpfen konnte, wo er mit sich im Frieden war. Ich verstand das damals nicht, aber ich verstehe es jetzt. Du, Camilla, warst der Friede seines Herzens und der Friede seiner Gedanken. Ein Friede, den er mit mir nicht finden konnte, weil ich ihn mit der Art meiner Liebe konfrontierte. Und das war eine Liebe ohne Kompromisse. Nicht deshalb, weil ich ihm weh tun oder es ihm schwer machen wollte – aber ich konnte es einfach nicht anders. Es war wie die Bulimie. Wenn ich etwas nicht mochte, war das an meinem Körper zu sehen – sogar wenn ich versuchte, es zu verbergen. Wie oft habe ich geweint und versucht, es zu vertuschen – aber mein Körper hat es gezeigt. Wie oft habe ich geweint, nicht nur wegen Dir, Charles, sondern UM Dich ... und ich versuchte es hinter meinem Lächeln oder meiner Sonnenbrille zu verbergen oder hinter beiden.

Ich bin aber nicht in der Lage, Landminen zu verbergen. Ich konnte das nie und werde es nie können. Ich fragte mich oft, wie können sie das? Wie können sie lächeln, wenn sie doch so verletzt sind. Was macht es für einen Sinn, sich hinter Regeln zu verstecken? Hinter Vorschriften, hinter Gesetzen, hinter bloßem Verhalten? Ist das nicht wie Lügen? Niemand weiß, was du denkst und fühlst? Und wo zeigt es sich dann? Wird es sich dann nicht in etwas anderem zeigen ...?

War es nicht so, daß mein Tod die Herzen von Millionen aufdeckte? Und sogar das Herz von Charles? Ich brüste mich damit nicht – aber schaut doch selbst ...! Schaut selbst, was das echte, das wirkliche Bedürfnis der Menschen ist! Ist es denn ihr Wunsch, sich hinter der Etikette und den Protokollen zu verstecken? Ist es ihr Verlangen, die alte Monarchie und ihre Regeln zu schützen? Wollen sie sich nur „verhalten“, sich nur verstecken? Was habt ihr erlebt in den Tagen nach meinem Tod? Wenn das in den Menschen ist, wieviel mehr schlummert noch in den Herzen und möchte geweckt werden? Was für eine Stärke der Sehnsucht und der Gefühle!

Und Du, Charles, hast es auch gesehen. Ich bin so dankbar dafür. Wenn das der einzige „Lohn“ für mein Leben und meinen Tod sein sollte, daß Du Charles offener bist, zugänglicher den Menschen gegenüber, den Menschen, denen Du mehr von Dir zeigst – dann war es das wert. Die Art wie Du nach meinem Tod auf Menschen zugegangen bist, wie sehr Du für Deine Überzeugung eingestanden bist und für unsere Liebe – ich habe mich unendlich darüber gefreut und viele mit mir ...

Ich glaube nicht, daß es für William gut ist, gleich König zu werden. Wenn Du das leben kannst, was Du gezeigt hast, dann solltest Du König werden, und wenn die Zeit reif ist, sollte William König werden. Nicht weil es unbedingt so sein muß. Aber wenn dies geschieht, kann es leben, „das Königreich des Herzens“, der Geist Englands – als ein Beispiel für die Welt, als ein Vorbild und ein Weg in die Zeiten, die kommen werden.

Es ist nutzlos, weiter zu trauern. Ich lache so viel lieber, freue mich und habe Spaß. Und hier sogar noch viel mehr. Laßt die Schuld und die Schwere verschwinden. Niemand ist schuld an meinem Tod, nicht einmal an der „Tragödie“ meines Lebens. Mein Leben war nicht tragisch, und ich bin auch keine tragische Figur, wie manche Zeitschriften schrieben. Ich habe immer nach dem Leben und dem Licht Ausschau gehalten. Und das werde ich auch weiterhin tun. Das Licht ist immer da ... und das Leben ist ewig. Es ist gleichgültig, was die Umstände sind, wie man es bezeichnet, wie man es erklärt. Leben IST einfach. Und es ist deine Entscheidung, ob du Leben und Licht willst oder ob du das Licht und das Leben, das du bist, bekämpfst.

Ich hoffe, daß euch mein Tod gezeigt hat, daß sogar Sterben zum Leben beiträgt.

Ich weiß nicht, wohin ich von hier aus gehe. Ich werde sicherlich zurückkommen – aber für eine Weile werde ich hierbleiben und helfen und unterstützen – von hier aus. Ja, das ist möglich. Und viele tun das. Es gibt viel Hilfe von der Ebene, von der aus ich die Dinge jetzt betrachte und erlebe.

Ich lerne, ich bewerte meine Existenz und meine Existenzen, und ich bewerte sie neu. Das tut jeder, der hierher kommt. Und das ist nicht etwas Verborgenes oder Geheimes – wenn man hier ist, versteht man es sofort, man kennt es.

Ihr seid mir alle viel näher, als ihr denkt, und ich bin viel näher bei euch – ich gehe neben euch her, ich tanze mit euch, ich singe mit euch, ich lache mit euch, und manchmal weine ich sogar mit euch – aber nicht aus Schmerz, sondern aus Liebe. Wie schön Tränen der Liebe sind, sie waschen den Schmerz hinweg. Ich spüre eure Sehnsucht, ja, von euch allen, von der ganzen Menschheit, nach einem Leben voller Lachen und Zufriedenheit, voller Schönheit und Lebenskunst – sie ist in jedem vorhanden. Darum bekämpft diese Sehnsucht nicht länger, sondern erfüllt sie, habt Visionen und Träume, habt Wünsche und Vorstellungen – schafft die Welt, die ihr ersehnt! Eine Welt ohne Tränen, eine Welt, voll vom Staunen über die Geheimnisse des Lebens.

Und wahrhaftig, es gibt dieses Mysterium des Lebens, ein jubilierendes Mysterium, eine jubilierende Wirklichkeit und Wonne! Eine Ekstase ... gestaltet euch diese Ekstase des Lebens – und nicht der Drogen – und bringt das Licht in die Dunkelheit, bringt Licht denen, die in der Dunkelheit trauern. Mutter Theresa und ich – wir arbeiten Hand in Hand.

Also trauert nicht zu lange. Schließt euch der Freude an, die die Dunkelheit überwindet und den Schmerz. Sorgt für die, die keine Hoffnung mehr zu haben scheinen, für die, die allein sind. Führt ihre Seele aus dem Tal des Todes auf die grünen Hügel von Licht und Leben – wie die grünen Hügel Englands, die ich so sehr liebe.

Oh, Elton, mein geliebter Elton. Ja, Du wußtest, ich liebe diese grünen Hügel so sehr. Was für ein wunderbares Lied – für uns und all unsere Freunde. Du berührst die Herzen schon lange, so berühre sie weiter ... löse das Siegel von deinem Mund und singe mehr, singe mehr über die brennenden Kerzen und die leuchtenden Fackeln. Bring Licht durch Deine Musik. So viele wie Du stehen auf und bringen der Welt Musik und die Botschaft, die sie braucht. Und zugleich bringen sie durch Konzerte soviel Geld zusammen, daß Millionen von Menschen geholfen werden kann. Wie stolz ich auf Euch alle bin! Ihr seid die wahren Botschafter des Herzens – es gibt keinen Politiker, keine Regierung, die das in Bewegung setzt, was Ihr bewegt – Ihr Sänger, Musiker, Maler, Texter. Faßt Euch ein Herz! Laßt das Gefühl um die Welt gehen, heilt die Welt – ja, auch du, Michael. Gib Deiner leidenschaftlichen Musik noch mehr Raum – wenn es andere nicht können, Du kannst es. Heile die Herzen mit den Werten von Liebe und Integrität. Vertritt leidenschaftlich die neuen Visionen einer Erde, die sich selbst heilen kann und heilen wird.

Von hier aus sieht man die Dinge anders. Hier bewertet man alles nur nach einer Frage: Was habe ich getan, und was war mein Motiv?

Ihr könnt euch gar nicht vorstellen, wieviel eine kleine liebevolle Tat wiegt – vielleicht ein Lächeln, eine Berührung, ein Wort des Beistands. Es ist nicht wichtig, ob es Millionen erreicht oder „nur" ein einzelnes Kind – es geht darum, es zu tun, und es bringt der ganzen Welt neues Licht. Ihr wißt das ja: Alles ist verbunden. Was ihr in London tut, hilft in Hong Kong. Und wenn ihr eine Seele in Paris heilt, ist eine geheilt in Bosnien. Ja, es ist wichtig, mit Geld zu helfen – und große Mengen von Geld sind sicher nötig. Aber vergeßt nicht, auch die Seele zu nähren mit euren guten Gedanken und Absichten. Die Seelen der Menschen, die ihr liebt, aber auch der Menschen, die zu lieben euch schwerfällt.

Von hier aus kann ich gegen niemanden etwas haben. Der Tod ist ein großer Heiler und ein großer Vergeber. Weil man sieht, wie alles verbunden und verwoben ist – und wie alles so vollkommen ist. Wendet euch nicht gegen Henri Paul. Er ist nicht der Schuldige. Er braucht vielmehr unser Erbarmen. Und quält Trevor nicht. Laßt ihn vergessen. Bitte, laßt ihn vergessen. Warum soll das irgend etwas bewirken, herauszufinden, wer und was meinen Tod verursachte? Was soll es ändern, was soll es Gutes bewirken?

Könnt ihr nicht die Schönheit von allem sehen? Und wenn ich euch nun sagen würde, daß Henri auch gehen wollte? Würde es euch helfen, die Dinge anders zu beurteilen? Und wenn ich euch verraten würde, daß Trevor zurückkehren wollte, um eine bestimmte Aufgabe in seinem Leben zu erfüllen, würdet ihr mir glauben und ihn gehen lassen?

Warum seid ihr immer so begierig, etwas herauszufinden? Ich sage euch: Ihr könnt weder die Wahrheit meines Lebens noch die meines Todes herausfinden. Wenn ihr es könntet, dann wärt ihr ich selbst. Diejenigen, die unter dem Eindruck meines Todes nicht wußten, was sie sagen oder tun sollten, aber nur einfach etwas netter zu anderen waren, sich ein wenig mehr um ihre Nachbarn kümmerten, die verstanden mehr als diejenigen, die sich jetzt aufmachen, um Erklärungen zu finden, um zu untersuchen und die Schuldigen zu finden.

Das ist sinnlos und sogar schädlich – und überhaupt nicht das, was ich will. Ich kann von hier aus viel besser sehen, was sich in Menschen abspielt. Ich kann die Schichten von Erziehung, falschen Motiven und Überzeugungen sehen, die sich auf eine Seele türmen und unter denen diese seufzt und stöhnt. Ich sehe, daß viele versuchen, ihr Bestes zu geben, aber oft nicht wissen, was „das Beste" ist. Deshalb ist es so wichtig, in jedem Menschen Bruder und Schwester zu sehen. In jedem das gleiche Verlangen nach Schönheit und Leben zu sehen, sogar in den „allerschlimmsten" Menschen. Ihr wißt, daß ich zu meinen Lebzeiten auch Mitleid mit den Soldaten in Bosnien hatte. Ich dachte darüber nach und habe es gefühlt, was das für sie bedeutet, solche gefühllosen, jungen Männer zu werden. Was ist nur mit ihrer Seele geschehen ...?

In einer Zeit, in der es soviel Liebe gibt, scheinen Haß und Gleichgültigkeit noch einmal ihr häßliches Gesicht zu zeigen, um noch ein bißchen länger am Leben zu bleiben. Aber sie werden sich auflösen, verschwinden – Haß und Zerstörung können nicht siegreich sein, niemals, weil das Leben alles ernährt und Gottes Geist in allem ist. Also, wie soll dann Zerstörung gewinnen? Sie kann nicht gewinnen – weil sie nicht real ist, nicht die Realität des Lebens, nicht die wahre Wirklichkeit. Denkt daran ...

Es ist mein tiefster Wunsch, daß sich die Menschen für ihr Tun neue Ziele setzen. Ihr wißt, daß manche schon hierher kamen und dann wieder ins irdische Leben zurückkehrten – und ihr wißt auch, daß sie dann ein ganz anderes Leben geführt haben, sich sehr viel mehr auf das wirklich Wichtige konzentrierten. Sie begannen, ein Leben aus den WAHREN Werten zu leben – Liebe, Fürsorglichkeit, Nähe, Dankbarkeit, Integrität, Barmherzigkeit, Vergebung – Seen des Lichts, in denen man baden kann. Ja, darin baden! Diese Werte sind wie Wasser, die all den Schmutz von euch abwaschen – dieses Licht ist ein reinigendes Licht.

All diejenigen, die hier waren und gleich wieder in dasselbe Leben zurückkehrten, die sozusagen von Leben zu Leben gingen, sagen sie nicht, daß sie sich jetzt auf das Wesentliche konzentrieren? So, liebe Freunde, konzentriert euch auf das Wesentliche. Ihr, die ihr Filme macht – und ihr wißt, wen ich meine – Steven, Tom und all jene, die ich liebe, versucht euch auf das Wesentliche zu konzentrieren. Euer Einfluß ist so riesig groß. Ihr könnt das Tiefste im Menschen erreichen. Was denkt ihr, warum ihr diese Macht an Mitteln und Bekanntheit habt? Was für eine Botschaft gebt ihr weiter? Euch ist viel gegeben ...

2. Oktober 1997

Nein, ich wurde nicht ermordet. Das ist eine Idee, der ihr nicht nachgehen solltet. Noch einmal betone ich: Alles ist vollkommen, so wie es ist. Es war ein Schock für die irdische Diana, aber es ist kein Schock für mich,

mich, die ich in diesem Leben den Namen Diana trug. Ja, ich habe ein Kind verloren – aber die Seele dieses Kindes wurde nicht betroffen. Sie wird ein anderes Mal kommen und dann ihre Aufgabe erfüllen. Sie war ein Unterpfand der Liebe zwischen Dodi und mir, ein neues Versprechen zwischen Mann und Frau.

Es ist irgendwie seltsam: so viel Sehnsucht zwischen Mann und Frau in der Welt und so viel Angst zwischen ihnen, so viel Gewalt auch und soviel Mißverständnis. So viel Trennung – aus Angst. Mein Leben mit Dodi war völlig ohne Angst. Es war so leicht mit ihm, alles war so einfach – nicht wegen seines Reichtums, mit dem er mir jeden Wunsch erfüllen konnte, sondern wegen der Stärke seines Herzens und dem Wissen, daß im Leben alles möglich ist – sogar die spielerische, leichte, fröhliche Liebe zwischen Mann und Frau.

Ja, es gibt eine Tendenz in der Welt des dieses zu Ende gehenden 20. Jahrhunderts, alles das zu bekämpfen, was an Neuem kommen soll. Und wer darunter am meisten leidet, sind die Kinder – achtet auf die Kinder! Sie sind die Träger der Geheimnisse des neuen Zeitalters, der nächsten Jahrhunderte. In vielerlei Hinsicht halten sie auch den Spiegel vor, in dem ihr euch selbst sehen könnt. Sie bringen die Reinheit, die so wichtig ist für die zukünftigen Zeiten. Sie sind es, die die Visionen tragen – und deshalb sorgt für sie! Gebt ihnen gesunde Nahrung für ihre Gedanken, für das, was sie zu sehen bekommen, und für ihre Wahrnehmungen und Lernerfahrungen. Gebt ihnen Wärme in der Familie, die sie so sehr brauchen. Gebt ihnen ein Heim – nicht nur ein Haus. Auf meinen Reisen habe ich erkannt, daß nicht die Obdachlosen das Problem sind – sie werden zum Problem gemacht. Aber sie sind das Symbol für die innere Heimatlosigkeit der

Menschen. Die Kranken und Armen der Welt sind ein Zeichen für die Krankheit und Armut der Herzen. Wenn du für die Kranken und Armen etwas tust, für all die Ausgestoßenen, dann tust du etwas für deine eigene kranke und heimatlose Seele. Alles, was da draußen ist, ist auch da drinnen. Die Erde leidet und sie muß heil werden. Und sie geht in neue Dimensionen.

Schon als Kind dachte ich darüber nach, wie seltsam es ist, daß es in der Welt soviel Traurigkeit gibt. Ich sah die Schönheit der Bäume, des Himmels, des Wassers, der Schmetterlinge und der Vögel – und dann sah ich auch den Schmerz in den Menschen – besonders in den Erwachsenen. Es gab Zeiten, da habe ich mir geschworen, daß ich nicht erwachsen werden wollte, daß ich nicht die Welt der Erwachsenen betreten wollte. Was ist schon gut daran, zu dieser Welt zu gehören? Und doch, man wächst heran – und sehr häufig vergißt man die Probleme der Kindheit. Und die Kinder haben mehr Probleme, als man denkt!

Ich habe mir geschworen, immer für die Kinder da zu sein – besonders für meine eigenen, aber auch für andere. Ich habe die Verbindung zur Kindheit nie verloren, so schlimm sie zum Teil war. In meinen Kindheitsträumen und als ein Teenager habe ich mir auch geschworen, meine Kindheitsgefühle nie zu vergessen, Gefühle wie Freude, Ausgelassenheit, aber auch die des Schmerzes und des Verlustes. Ich wollte jemand sein, die sich erinnert. Die zu anderen sagen kann: „Ja, ich weiß, wie du fühlst ..."

Als Kindergärtnerin habe ich mich unter meinesgleichen gefühlt. Ich liebte die Arbeit. Ich liebte meine Kinder, und sie liebten mich. Ich erinnere mich an ein kleines Mädchen, das oft zu mir kam, mich mit seinen großen blauen Augen anschaute und mich fragte „Mami, geht es dir gut?“. Warum sie mich „Mami“ nannte, kann ich nur vermuten – aber es ist wahr, ich war auch damals manchmal recht traurig. Denn dieses Kind war eine Waise und lebte bei ihrer Großmutter, die sehr streng zu ihr war. Sie zitterte immer, wenn sie vom Kindergarten abgeholt wurde.

Ich, eine Mami? O ja, wie gerne wollte ich eine sein. Eine, die ihren Kindern Liebe und Wärme gibt – eine Wärme, die Kinder oft nicht bekommen.

Ich träumte auch oft von einem Königreich der Kinder – einem Ort, wo nur Kinder sind und wo sie Kinder bleiben dürfen. Natürlich wußte ich, daß jeder erwachsen werden muß und daß dies der Lauf der Zeit mit sich bringt. Aber was ich fühlte, war, daß viele Probleme verschwinden würden, wenn sich die Menschen nur öfter an ihre Kindheit erinnern und in mancher Weise Kinder bleiben würden. Ich konnte nicht genug Bilder von Müttern und Kindern betrachten, die sich gegenseitig umarmten und sich aneinanderschmiegten – so ein Herz und eine Seele.

Ich wußte, daß Charles meine Art, mit Kindern umzugehen, mochte. Er schaute dem oft zu, und ich sah das Leuchten auf seinem Gesicht und in seinen Augen – und ich sah ihn weicher werden. Ich war voller Hoffnung, daß, wenn wir Kinder haben würden, ich sie behalten und sie erziehen dürfte. Ich hoffte, er würde sich den Regeln und königlichen Vorschriften widersetzen um seiner Kinder willen. Ich kannte natürlich die Regeln, unter denen Prinzen normalerweise erzogen werden. Aber ich hoffte, Charles würde einschreiten, wenn sie versuchen würden, sie wegzunehmen, um sie an diese Schulen zu bringen.

Er tat es nicht. Er war eher ärgerlich auf mich, mich, die „wohl niemals erwachsen wird...“. Ich konnte nicht glauben, daß er die Verzweiflung seiner eigenen Kindheit vergessen hatte

Aber offensichtlich ist das der Unterschied: Einige erinnern sich, andere nicht, einige wollen sich nie mehr erinnern. Und seine Kindheit war schlimmer als meine, viel schlimmer. Ich hatte wenigstens einen Vater, der mir wegen seiner eigenen emotionalen Schwierigkeiten erlaubte, zu sein, wer ich war. Er kannte seine Fehler und Fehlschläge, daher durfte ich auch welche haben.

Aber am Hof mußte ich perfekt sein. Sie waren nicht perfekt dort, nein, durchaus nicht. Ich sah und fühlte Dinge, die sich unter dem Mantel der sogenannten Perfektion abspielten, die voll von Verzweiflung und Verfall waren – und nach Leben schrieen. Wann immer ich im Buckingham Palace war, fühlte ich mich, als ob Tausende von Pfunden auf meinem Körper lasteten. Ich fühlte mich so schwer. Ich konnte dort nicht richtig essen. Ich konnte kaum aufrecht gehen. Wie können sie dort nur leben – fragte ich mich.

Zu Beginn unserer Ehe war Charles der einzige – vielleicht auch manchmal Fergie, Queen Mum, und dann und wann ein Freund oder eine Freundin von früher, die einen Sonnenstrahl in diese dunklen Gemäuer der Paläste warfen. Ich dachte, solange Charles auf meiner Seite ist, kann mir nichts passieren. Und von ihm und von unserer Liebe ging immer eine frische Brise aus.

Aber die Königin war letztendlich stärker. Seine Mutter in ihm drinnen. Er hat immer mit ihr mitgefühlt. Er fühlte mit ihr mit und nicht mit mir. Er fühlte ihre inneren Kämpfe und versuchte, ihre Schmerzen zu lindern. Da war dieses Band zwischen den beiden – es schien sehr alt zu sein, wahrscheinlich noch von seiner Kindheit. Es war wohl ein Gewicht, das er für sie auf den Schultern trug – die Verantwortung, „König zu sein". Das, was er trug, lautete etwa so: „Ich hoffe, mein Sohn wird als König das tun, wozu ich als Königin nicht in der Lage bin." Sie vertraute ihm. Er war ihre Vision.

Und deshalb war ich auch am Anfang die perfekte Frau für Charles. Ich schien leicht kontrollierbar zu sein. Am Anfang, das ist wahr, habe ich auch immer zugestimmt, habe ich immer genickt und ja gesagt. Ich fühlte mich wie ein Kind, das eine Rolle in einem Drama lernt, und da ist der Regisseur mit seinen Assistenten, die dir sagen, was du tun mußt, weil sie das Stück kennen. Und so machst du, unwissend, wie du bist, natürlich was sie sagen ...

Zudem kam ich auch noch aus einem anerkannten Haus und Familie – so schien alles perfekt.

Aber ich spielte meine Rolle nicht gut. Es war fast lustig: Ich war Hauptdarsteller und sollte zugleich Kulissenschieber sein. Ich hätte sogar nur dahinten bleiben sollen, ein Hauptdarsteller in den Kulissen, wo mich kein Bühnenlicht erreicht. Aber das funktionierte nicht. Wo immer ich mich auf der Bühne hinbewegte, folgten mir die hellen Scheinwerfer – nicht weil ich das gewollt oder gebraucht hätte – aber vielleicht weil ich die Einzige war, die das Licht überhaupt reflektierte. Und als Charles und ich zusammen spielten, haben wir beide das Licht reflektiert, und ich habe auch noch zusätzlich Licht auf ihn geworfen. Es reflektierte. Ich war so stolz auf ihn.

Und dann kamen diese nagenden Zweifel auf. Zweifel an seiner Liebe. Es ist eine Ironie und auch traurig – es waren die Photographen, die Medien, die mir dabei halfen, aus meinen Gedanken, Zweifeln und Verzweiflungen herauszukommen.

Ja, es ist wahr, an einem Punkt in meinem Leben am Hofe habe ich mich umgedreht und ihnen mein Gesicht gezeigt. Ich sagte zu mir selbst: Wenn ich schon im Hintergrund nackt bin und bloßgelegt, so kann ich das ja auch vor allen sein. Wenn ich mich verstecke, dann sterbe ich noch. Dann gehe ich doch lieber nach vorne – vielleicht rüttelt sie das wach.

Natürlich war da immer die Frage, was soll ich als Prinzessin von Wales tun, wie soll ich mich neben Charles verhalten? Soll ich mich zurückhalten und die Scheinwerfer nur auf ihn richten? Soll ich nur auf ihn deuten und selbst einfach nur eine bescheidene Ehefrau sein?

Ich sage euch, das wollte ich eigentlich auch sein. Ich war über mich selbst überrascht, daß ich es anfing zu lieben, in der Öffentlichkeit zu stehen, daß ich anfing, die Liebe und Aufmerksamkeit der Öffentlichkeit zu genießen, die mir so leicht zufiel. Es war nicht so, wie es viele Zeitungen jetzt schreiben, daß es eine Abrechnung mit den Windsors war. Nein – es war eher so, daß ich plötzlich bemerkte, daß ich geliebt werde. Und es ist wahr, die Liebe der Öffentlichkeit linderte die Schmerzen meiner Liebe zu Charles. Wie kann ich das beschreiben? Da war Diana, die die ganze Nacht geweint hatte, mit ihren noch roten und verschwollenen Augen. Die Diana, die wußte, daß ein Tag mit Menschen auf sie wartete, die von all dem nichts ahnten – Menschen, die mich sehen wollten – entweder direkt oder über die Fotos der sogenannten Paparazzi. So stieg ich aus dem Bett, zog mich sorgfältig an, nahm mich zusammen, errichtete die Fassade Diana und wurde wieder zu Diana – mit Hilfe dieser fotografierten Fassade. Aber dann war ich die Fassade nicht mehr, ich war wieder ich selbst. Ich überwand mich zum ersten und zum zweiten Lächeln – und dann lächelte ich, war da und fühlte mich lebendig. An einem Punkt meines Lebens habe ich das gebraucht. Ich brauchte es. Ich wollte aufgespürt, eingefangen und genommen werden. Wenn schon nicht in meiner Ehe – dann wenigstens in der Öffentlichkeit.

Von 1985 an waren es immer mehr meine Kinder, die mir die Liebe zurück gaben und all die Aufmerksamkeit. Von da an begann ich, es zu hassen, überall aufgespürt und „geschossen" zu werden, wo ich hinging. Durch meine Kinder kam der Wunsch nach Privatsphäre zurück. Sie konnten diese aufdringlichen Blitzlichtattacken nicht leiden, und ich wollte das nicht mehr für sie. Es ist, als ob man ausgezogen würde. Es ist so – und so spaßig es mitunter sein kann, gejagt zu werden und mit ihnen Versteck zu spielen, es war nicht mehr spaßig für mich. So wurde ich allmählich sehr beschützend.

Aber es war zu spät. Ich war zu weit gegangen. Es gab da Fotografen und Leute von den Medien, mit denen ich mich in eine seltsame Beziehung verstrickt hatte. Es war eine gegenseitige Abhängigkeit geworden, die ich jetzt nicht mehr wollte. Ich schubste sie plötzlich weg, und sie konnten das nicht verstehen. Mein Widerstand machte sie und die Öffentlichkeit sogar noch hungriger – und von da an begriff ich eine schreckliche Wahrheit: die Leute ernähren sich vom Leben, von der Krise, von den Verzweiflungen anderer. Und plötzlich – all das, was ich zunächst so unschuldig als Liebe und Aufmerksamkeit gedeutet hatte, es fühlte sich plötzlich schmutzig an, wie klebrige Finger, die in meinen Eingeweiden herumwühlten.

Nun, ich selbst hätte es vielleicht noch ausgehalten – aber nicht meine Kinder. Sie hatten nichts getan. Wenn schon ich meine Unschuld verloren hatte, so wollte ich doch, daß sie ihre behielten.

Einige Religionen verbieten, Menschen zu fotografieren. Wißt ihr, warum? Weil für sie das Bild Gottes heilig ist – und das Bild die Tür zum Wesen des Menschen ist.

Als ich begann, mich von den Medien zurückzuziehen, und unfähig war, die Türe zu schließen, war das DER Triumph für Charles. Er hatte mich vorher oft gewarnt, doch vorsichtiger zu sein, mich zurückzuhalten, mich mehr zur Wehr zu setzen – und jetzt kam er mit diesem Satz, wie: „Schau, ich habe es dir schon vorher prophezeit ... und jetzt hast du diese Geier in unsere Familie eingeladen."

Und ich fühlte mich schlecht und sehr schuldig. Schaut, in meiner Naivität sah ich in all diesen Zeitungsleuten meine Freunde. Solche, die etwas von mir schreiben, wenn ich offen und zugänglich bin, und es verstehen würden, wenn ich in meiner Privatsphäre sein möchte und einen sicheren Ort brauche. Und nicht selten machten sie mich das glauben. Ich dachte, sie wollten einfach teilhaben an meiner Freude und meinem Glück und meiner Liebe — und das wollte ich ihnen gerne erlauben.

Aber das Schreckliche war – wie immer die Umstände waren – sie lächelten IMMER und drückten auf ihren Auslöser. Und ich spürte allmählich, daß ich zu ihrem Besitz geworden war. Ich konnte es nicht glauben, aber es war so: Ich war öffentlicher Besitz geworden, und sie glaubten, sie hätten ein Recht auf mich. Und damit hätten sie auch ein Recht auf meine Kinder. Mein Gott, dachte ich, was habe ich getan, was habe ich zugelassen!

Aber es waren nicht nur die Medien, die überall in mein Leben krochen. Es waren auch solche – ich will keine Namen nennen – die Insider, diese grauen Eminenzen, diese Kontrolleure, die in die ganz privaten

Räume hineinkrochen – überall hin. Sie waren sogar sozusagen in unserem Schlafzimmer – von Anfang an.

Sie sahen alles, sie gaben alles weiter, sie wußten alles, sie deuteten alles und streuten Vermutungen aus. Sie machten auch Vorschläge, was mit mir zu geschehen habe. Sie gaben diese schleimigen Hinweise – sogar an die Presse –, diese kleinen kaltblütigen Berichte, wie oft ich gegessen habe, wen ich angerufen habe, was der Inhalt war, wer und was mein wahrscheinlich nächster Fehltritt sein würde. Diese schleimigen Insider, die herumspionierten und Bericht erstatteten, waren beleidigender, verletzender und gefährlicher als diese offenen Zeitungsleute. Du wußtest bei denen wenigstens, hinter was sie her waren. Ich wußte aber nie, hinter was diese grauen, so freundlich tuenden Spitzel her waren. Eines war klar: Sie wollten ganz sicherlich nicht, daß unsere Ehe funktionierte.

Warum das?

Ich dachte mir manchmal – und es kam später auch immer mehr heraus –, daß es da noch andere Interessen gab als die der königlichen Familie. Es gab sozusagen gar keine königliche Familie. Ich sage es so vorsichtig und so milde wie möglich: Es gab Bewegungen und Absichten in Verbindung zu der Königin und ihren Beratern, die ganz andere Motive hatten, als der Monarchie zu helfen. Ich verstand das damals nicht, ich verstehe es jetzt besser.

In jenen Tagen dachte ich oft bei mir: „Warum tun sie das ...warum sprechen sie all das an, was den Graben zwischen mir und Charles nur noch vertieft?“ Gerade die Leute, die sich als die intimen Freunde und Berater ausgeben, warum gießen sie immer wieder Öl ins Feuer? Warum machen sie unser Leben immer schwieriger und schüren Streit und Disharmonie in den Familien, wo sie doch so darauf bestehen, daß sie die besten Vorsätze haben, unseren Ruf und unsere Ehe zu retten. Es gibt dort Kräfte, die etwas ganz anderes wollen – und es war sicher, sie wollten MICH nicht am Hofe. Ich war ein Fehler und mein Fehler war, daß ich nicht kontrolliert werden konnte, obwohl es zu Beginn so schien. Ich schien die am besten zu kontrollierende Ehefrau zu sein, die die Windsors jemals hatten.

Ich möchte hier nur das Eine sagen: Der Tod kann das Leben nicht sehen, aber er kann seine Spuren erkennen und versuchen, sie auszulöschen, wenn sie erkannt werden. Und mein Leben spiegelte sich wider in den Augen der Menschen, die mich liebten – und es ist immer noch so. Und so war ich hochgefährlich – und ich bin jetzt sogar noch gefährlicher – für sie. Es wird eine Zeit kommen, da werdet ihr wissen, wer „sie" sind.

Aber paßt auf – sie sind nicht in der Öffentlichkeit zu finden. Sie kriechen viel eher in die Häuser derjenigen hinein, die ein freies und unkontrolliertes Leben führen wollen. Sie sind die gefährlichen, auf die ihr achten müßt. Auch gegen Ende konnte ich immer noch mit den Paparazzis sprechen, mitunter hatte ich sogar immer noch Spaß mit ihnen, und in ihrer Aufdringlichkeit und hartnäckigen Frechheit waren sie irgendwie immer noch lebendiger. Gut – ich war manchmal sehr ärgerlich, sogar schrecklich wütend auf sie. Ich brüllte sie an und sie brüllten zurück, ich hätte am liebsten ihre Kameras zertrümmert, und sie schauten tatsächlich machmal wie Geier aus, die immer riechen, wenn irgendwo ein verwundeter oder toter Körper herumliegt ... aber diese Geier waren wenigstens offen sichtbar. Nicht so die anderen.

Ich hatte ein Lieblingsbuch: Momo. Lest es mal wieder, und ihr werdet wissen, was ich meine. Die Grauen, sie haben nicht meinen Tod verursacht – nein. Aber sie machten es mir schwer, zu leben – ja. Es ist schwer, sie zu stellen, weil es immer so scheint, als haben sie die besten Motive.

Dodi und seine Familie waren mein bester Schutz – und ich brauchte das noch einmal, das Gefühl von Schutz, bevor ich ging. Ich mußte das noch einmal erleben, daß es jemanden gab, der reich und mächtig war ... und gutherzig. Er war und ist gutherzig. Ein sauberer, guter Charakter: offen, verletzlich, zärtlich und liebevoll. Er roch „Tod" schon lange, bevor er sich zeigte, und pflegte ihm rechtzeitig aus dem Wege zu gehen. In jenem Tunnel – so seltsam es klingt – haben sich Dodi und ich dem Leben verschrieben.

Es war ein Tunnel ... nicht wahr? Ein Tunnel führt immer zu etwas Neuem. Wir sind nicht in ihm steckengeblieben, glaubt uns. Wir sind lebendiger als je zuvor. Und ... ja, wir werden weder überprüft noch kontrolliert. Wir haben nur wenige himmlische Paparazzi hier.

Dodi möchte in diesem Buch nichts sagen, und ich respektiere seine Entscheidung. Vielleicht tut er es zu einer anderen Zeit und an einem anderen Ort.

Natur. Etwas über Natur. Aus meiner Perspektive jetzt – es ist so schön, daß ihr Natur habt. Sie ist so nahe an der Schöpfung, sie macht dich lebendig, sie gibt dir das Gefühl, daß du ein Teil der Schöpfung bist. In diesen Städten – egal, ob im Osten oder Westen – fühlte ich oft die Schwere, die entsteht, wenn man an einem Platz ohne Natur eingeschlossen ist. Smog macht das noch schlimmer – und Smog besteht nicht nur aus den Abgasen von

Maschinen, Autos und der Industrie –, sondern Smog ist auch das, was von Menschen aufsteigt. Diese Schwere kann durch Natur gemildert werden.

Ich liebte es, mit Charles und den Kindern in der freien Natur zu sein – besonders in unserer frühen Zeit. Wann immer wir draußen waren, ging es uns besser, und sogar in der Endphase unseres Zusammenseins, wann immer wir Spaziergänge mit den Kindern unternahmen oder nach Schottland oder Wales verreisten, in der Natur hatten wir ein besseres Verhältnis zueinander. Natur hilft, Natur hebt die Stimmung. Die Natur ist Gottes schönstes Geschenk und ein großartiger Heiler des Körpers, der Seele und des Geistes. In der Natur findest du zu dir selbst zurück, zu deinem Ursprung. Du fühlst dich wieder als du selbst, als das, was du wirklich bist. Es ist also wichtig, daß du deinen Körper liebst, die Natur deines Körpers. Ich habe mich immer darum bemüht, meinen Körper zu lieben. Ich trieb intensiven Sport, ich trainierte ihn – das ist eine Möglichkeit, sich gut und lebendig zu fühlen. Wann immer ich in der Natur war – wirklich nahe am Wasser und in der frischen Luft – waren meine Essgewohnheiten viel einfacher zu handhaben. Oft vergaß ich sie ganz – ich aß und trank, was ich wollte und was da war. Ich liebte immer das gute frische Wasser von Quellen. Ich liebte überhaupt Wasser ... in jeder Form.

Es ist eine Ironie und gewissermaßen bedeutsam, daß ich meine ersten wirklich starken Gefühle Charles gegenüber empfand, als er mich das Schwimmen lehrte. Das war unser gemeinsames Element ... das war das königliche Element ... Wasser – und das ist es wirklich! Wir liebten beide die Natur, wir liebten das Wasser, frische Luft – es waren die Elemente unserer Liebe.

Meine Krankheit, die Bulimie, trat selten auf, wenn ich draußen war – sie hat mich hauptsächlich heimgesucht, wenn ich meinen „königlichen Pflichten" nachkam. Die Bankette waren schrecklich, die Küche schien leblos. Mein Körper konnte hinter diesen Mauern das Essen nicht halten. Es hab keinen Ort, es zu verdauen, weil es nichts zu verdauen gab. All den Frauen, die von dieser Krankheit befallen sind, möchte ich sagen: Geht hinaus in die Natur, trinkt klares, frisches Wasser, wo immer ihr es finden könnt. Habt Spaß an den Wellen, habt Spaß an der Sonne und Luft, habt Freude an euch selbst. Versucht nicht, euch anzupassen, wie ich es tat oder es zumindest versuchte. Mein Körper wollte sich nicht anpassen ... so ist er hin-und hergesprungen zwischen Heißhunger und Übergeben, um einen Ausweg zu finden ... und so macht es auch euer Körper. Verschafft eurem Körper einen Ausweg – in die Natur, in die Begegnung mit seiner eigenen Schöpfung, indem du mit dir selbst Freude hast – springst und tanzt.

Wenn du kannst, gehe zu Orten mit Delphinen. Ich habe viele Delphinshows besucht. Ich bin sogar ans Meer gefehren, um Delphine springen und durchs Wasser gleiten zu sehen. Sie waren so wie ich. Mein „Spencer Special" war ein Delphinsprung. Zu springen, wie es Delphine machen, elegant, sanft, ohne daß zuviel Wasser spritzt. Wenn du kannst, dann schwimm sogar mit Delphinen. Sie haben den Geist der Nähe zur Natur, der Nähe zu ihrer Existenz, der Nähe zur Schöpfung. Du kannst nicht traurig bleiben oder depressiv, wenn du mit Delphinen schwimmst oder ihnen bei ihren Sprüngen zuschaust. Fühle dich wie ein Delphin, und du fühlst dich besser.

Übrigens haben mir die Delphine mitgeteilt, daß sie den Aufenthalt in kleinen Becken NICHT MÖGEN.

Daß sie darin leiden, auch wenn Leute es nicht sehen und es äußerlich nicht sichtbar ist. Sie sagen auch, daß die Becken, die mit chloriertem Wasser gefüllt sind, ihnen ganz besonders weh tun – besonders den feinen Sinnen ihrer Nase und auch ihrer Haut. Wenn sie in solchen Becken mehr Sprünge machen und höhere, heißt das nicht, daß sie dort glücklicher sind – sondern jeder Sprung ist eine Befreiung von diesem Wasser, ein Moment der Freiheit. Delphine lieben Menschen. Aber dies ist nicht die Art, wie sie geliebt werden wollen, noch wie sie lieben.

Ich würde gerne wiederkommen als ein Delphin oder Wal. War ich nicht die Prinzessin der Wale (Princess of „Whales")? (Sie lacht). Aber nein, das wird nicht geschehen.

Britannien, England, ich liebe dich. Ich liebe dich von ganzem Herzen. Ich werde immer einen Platz für dich in meinem Herzen haben. Kinder Englands, ich liebe euch. Englands Kinder, seid mutig – baut das neue Land auf, bewahrt die Hügel, die Parks, die Reservate. Seid goldene Kinder, magisch, wunderbar. Seid fröhlich, tanzt und singt. Seid das Licht in der Welt. Ihr alle, die ihr gekommen seid, um die Blumen niederzulegen, eure Gedichte, eure Zeichnungen und Bilder. Ich sah jeden von euch, Bob und Mary, Julian und Gary, Sarah und Philip – euch alle und euch alle in Frankreich, in Deutschland, in Polen, in Bosnien und Kroatien und all den anderen Ländern – dich Mirjam, dich, Peter, dich, Sybil und Ursula, dich, Mirko, Tanja, ihr alle – ich sah eure Tränen, ich sah und fühlte eure Liebe. Ich berührte euch am Arm, ich strich über euer Haar, sogar als du in diese Kapelle gingst und für mich betetest, Susan, war ich mit dir. Ich war bei euch, ich hörte eure Worte, ich sah eure Tränen. Ihr in der Welt, ich sah jeden von euch. Von hier aus sieht man anders, man sieht alles, man hat die „ganze Zeit“ dazu. Was für eine Freude, was für eine herrliche Zeit für mich. Ich fühlte, daß nichts umsonst gewesen ist. Ich fühlte mich wirklich wie eine Prinzessin, als ich über all diesen Blumen schwebte. Habt ihr mein Lächeln gespürt, habt ihr mein Lachen gehört? Habt ihr es gehört in Kalkutta, in Los Angeles, in Tel Aviv und in Gaza, habt ihr es gehört in Kairo und Amsterdam, in Rio und Hong Kong?

Wenn nur mein Lächeln, mein vielzitiertes Lächeln, euch zum Lächeln bringen könnte! Ich möchte, daß auch ihr lächelt. Meines wird im Laufe der Jahre verblassen, aber ihr könnt euer Lächeln immer wieder erneuern, jeden Tag. Schenkt anderen euer Lächeln, lächelt euch selbst an, lächelt euren Kindern zu, gebt den Alten euer Lächeln. Ein Lächeln von Herzen. Ein Lächeln des sanften Herzens and des Mitgefühls.

Und Du, Charles, mein Bruder! Charles, mein geliebter Bruder – Du, den ich sosehr liebe. Ich hörte Dich, ich stand neben Dir. Wenn wir nur so füreinander dagewesen wären, als ich noch am Leben war. Aber ich weiß, meine Wege waren manchmal unbegreiflich für Dich. Umso mehr liebte ich, was Du sagtest – Du hast so aus meinem Herzen gesprochen und mein Herz war mit Dir.

Wenn es irgendeinen Weg gäbe, daß Du und Charles sich verstünden – besonders was die Kinder angeht! Daß sie in Althorp sein könnten, so oft sie wollen. Mein Geist ist mit Dir, Charles. Denk an die Zeiten, als wir noch miteinander spielten. Als wir König und Königin spielten, als wir die Märchen nachspielten und unsere speziellen Fantasiespiele. Als wir diese Türme und Häuser für die Kranken und Armen und für die Reichen und Hartherzigen, für die schwarzen Reiter, gebaut haben.

Kümmere Dich um William – zartfühlend, wie du bist – weil er viele Dinge überwinden muß. Ich war manchmal nicht die Mutter, die ich gerne für ihn gewesen wäre. Er hat die Gefahr und die Risiken gespürt, die ich einging. Er wollte in einer sicheren Welt aufwachsen, die ich ihm nicht bieten konnte. Ich spreche hier nicht von Body Guards, ich spreche nicht von dieser Art Sicherheit. Ich spreche von der Sicherheit einer Familie, die ganz und heil ist. Und die hat er nur eine kurze Zeit bekommen. Was kann ich Dir sagen, William? Ich kann Dir nur sagen – ich habe es versucht. Und wenn du älter bist, wirst Du selbst die verschlungenen Pfade des Lebens kennenlernen. Ich war immer so stolz auf Dich, Du mein großer Junge – in Deinem Lächeln sah ich das meine, in Deinen Händen, die so zart dieses eine kranke Kind hielten, sah ich meine eigenen. Die Worte, die Du zu diesem behinderten Kind gesprochen hast, hast Du aus meinem Herzen gesprochen. Was immer ich für Dich tun kann – ich werde die Engel bitten, Dich zu beschützen und insbesondere Dein Herz zu beschützen. Und ich möchte Dich immer wieder um Vergebung bitten für die Zeiten, wo ich nicht die Mutter war, die Du gebraucht hättest. Ich vertraue darauf, daß Du meine Liebe fühlen kannst. Behalte Dein Lächeln, mein Sohn, behalte Dein Lächeln. Und Dein gutes Herz.

Und Harry, geliebter, das gilt auch für Dich. Bleib dabei, lache und sei verspielt. Mache noch mehr Erfindungen, Maschinen, Wasserspiele, Autos, Solarantriebe, Häuser und Architekturen – zeige ihnen, was man machen kann. Und achte darauf, daß das Herz Deines Vaters stark bleibt.

Wo ich hier bin, fragt ihr? Dies hier ist ein sehr schöner und gesegneter Ort ... ja, wirklich. Ich kann das Wesen von allem sehen. Ich sehe den Geist Gottes in allem, in jedem Baum, in jedem Stein, im Wasser. Es ist alles so ursprünglich, so völlig unberührt. Es ist nicht unberührt in eurem Denken – und war es nicht in meinem. Aber jetzt ist es. Es ist wunderschön. Wenn ich euch nur die Schönheit zeigen könnte – die Schönheit von allem. Ja, Gott gibt es wirklich. Und er ist anders, als wir denken. Er ist kein religiöser Gott, er ist nicht einmal ein „er". Aber „er" ist sehr persönlich – und humorvoll, und er hat ein solches wunderbares Lächeln! Deshalb kommt das Lächeln direkt von Gott, das wahre und wundervolle Lächeln eines Kindes, eines Babys. Wie sehr ich es in meinen Kindern geliebt habe. Das erste Lächeln Williams. Das erste Lächeln von Harry. Das Lächeln von Charles, wenn er meine Hand oder mein Haar berührte.

In wie vielen Leben ich mir diese Hochzeit ausgemalt hatte! Ich habe das Bild immer wieder und wieder gesehen. Ich habe es einstudiert, ich wollte mir diesen Traum der Träume erfüllen. Eine Heirat, die um die Erde gehen würde, eine, die von Liebe zeugen würde, eine, die alles das bezeugen würde, was zwischen Mann und Frau überhaupt möglich ist, zwischen einem Prinz und einer Prinzessin, zwischen einer Königin und einem König. Ich wollte zeigen, daß es wirkliches Königtum gibt. Eines, das wirklich vorgezeigt werden kann. Als ein Zeichen für die Einheit und Schönheit von Verstand und Herz, einen der schönsten Träume, die man leben und erfahren kann. Ich war wie in Trance. Es schien so, als sei es mir aus den Händen genommen worden – es ist einfach passiert. Es gab so viele, die mich anlächelten, die wirklich das Beste für mich wollten, die mich glücklich sehen wollten und mir einen Ort der Schönheit bereiteten. Ich fühlte mich so geliebt, ich war so aufgeregt. Die Schatten der Tage davor waren völlig verschwunden – da war nur Charles, mein Charles, mein ewiger Gemahl und ich. Wir stellten etwas dar, wir liebten uns und wir wurden geliebt.

Ich fühlte die Wärme dieser Tausenden, Millionen von Menschen, die zuschauten. Ich fühlte ihren Herzschlag. Ich fühlte ihre Tränen der Rührung, ich spürte ihre guten Wünsche und ihre Gebete – das also war diese schüchterne Diana! Und da war diese Stärke in mir, die Stärke, die Frau von Charles zu sein. Ich fühlte das so stark – ich wollte ihn stolz machen, ich wollte zu dieser Liebe vor den Augen aller stehen. Mein Ja war ein klares Ja, gegeben dem Charles, der er in diesem Moment war. Ich sah dieses Leuchten in seinen Augen – und sein Gesicht war klar und stark – all die Kümmernisse, die sonst sein Gesicht prägten, waren wie weggewischt. Das war das Bild des Mannes, das ich jahrelang vor mir gesehen hatte, ja, sogar viele Leben lang. Und ich wußte, daß er es verdiente. Er verdiente diesen Moment des Zelebrierens und des Segens. Wir beide verdienten es – und wir wußten es. Wir waren wie zwei Inseln im Sturm. Wir hielten uns an unseren Händen, wir schauten uns an, und wir ermutigten uns gegenseitig. Das war Charles, jenseits von Grenzen und Regeln. Das war Charles, stark und zart zugleich, sein wahrer Charakter, sein Wesen – oh, wie ich ihn liebte, wie ich ihn immer noch liebe. Wie sehr ich wollte, daß er dieser Mann ist – voll von Charisma, Stärke, Fürsorge, Zartheit, Verletzlichkeit und Majestät.

Ja, er hat alles, was einen König ausmacht. Wenn er sich nur traut ... wenn er sich nur entschlösse, zu glauben, daß Menschen Herz brauchen und keine Empfänge, daß sie Taten brauchen und keine Worte, daß sie die Wärme eines lebendigen Körpers brauchen – und keinen wandelnden Monolog. Menschen wollen Beziehung. Sie wollen das Geniale, aber sie wollen auch Beziehung. Sie wollen sehen und gesehen werden. Sie wollen für die Neuzeit gerüstet sein. Sie wollen Sicherheit, sie wollen ein Vorbild, sie wollen zu jemandem aufsehen, nicht in einer unterwürfigen Art, sondern zu einem, der den Weg ins Licht zeigt – zum Horizont, wo das Leben weitergeht.

Ich wußte, wie sehr die Menschen Vertrauen in die Zukunft brauchen. Ich habe immer an die Zukunft geglaubt. Ich vertraute darauf, daß die Dinge besser werden, sogar in meiner tiefsten Verzweiflung. Ich wußte, daß es immer einen Ausweg gibt, immer die Liebe und das Leben, die man immer wieder neu erleben kann. Ich wollte mich nie zu lange dem Schmerz hingeben, der Sorge oder dem Kummer. Ich wußte, das würde mich krank machen. Und wann immer ich mich dem hingab, wurde ich krank.

Wann immer ich an den Punkt kam, wo ich nicht weiterwußte, sah ich jemanden lächeln, jemanden, der mich an ... ja, an das EINE, den Funken, das Leben erinnerte – und ich sah das oft in Männern. Wenn ich dann dieses besondere Lächeln sah, diese besondere Vitalität und Behutsamkeit, dann war ich hingerissen. Ich klammerte mich daran, ich wollte es haben, weil es zu mir zu gehören schien und ein Teil von mir war.

Darum waren die Enttäuschungen mit James so schmerzlich. Am Anfang unserer heimlichen Liebe sah ich in ihm, was ich in Charles verloren glaubte. Es war nicht Rache an Charles. Es war nicht deshalb, weil ich ihm eine Lektion wegen Camilla erteilen wollte. Nein, ich wollte das Bild meines Lebens wieder ganz machen. Ich weiß jetzt, daß das keine verantwortliche Handlung war – nein, überhaupt nicht. Ich habe Charles verletzt, ich habe auch James verletzt, aber hauptsächlich habe ich mich verletzt. Ein Ausdruck dieser Verletzung war die Art, wie James sich herumdrehte und alles das verriet, was zwischen uns gewesen war. Ja, es war eine tiefe Liebe – und in gewisser Weise rettete er mein Leben. Aber es wäre nicht passiert, wenn Charles und ich wirklich all das miteinander geteilt hätten, was wir uns versprochen hatten, miteinander zu teilen.

Ich war hungrig und durstig. Ich war gierig nach dem Leben – ja, wo immer ich es sehen konnte, wo immer ich einen warmen Körper halten konnte oder Wärme geben. Das war auch so in meinem Intimleben.

Bitte versteht, ihr guten und so gebildeten Leute – es gibt etwas in uns allen, das nach Leben verlangt – und du mußt dieser Stimme folgen. Wenn du dieser Stimme zuhörst und ihr ihren Wunsch erfüllst, kannst du damit sogar Kriege beenden. Kriege, Vergewaltigungen und Gewalt gibt es nicht dort, wo das Leben überfließt. Gewalt ist das Resultat von Apathie und Frustration. Wenn Apathie herrscht, wenn keine Lebensperspektive da ist, wenn es keine Vision mehr gibt, dann bricht Gewalt aus. Und was kann mehr Vision und mehr Leben geben als die Liebe zwischen Mann und Frau? Sie ist lebensspendend – buchstäblich. So war es von Anfang an gemeint. So konzentriert euch, ihr Männer und Frauen, auf eine neue, frische Form der Beziehung und der Nähe.

Seid dankbar füreinander. Vergebt euch immer so schnell wie möglich. Laßt die Bitterkeit und den versteckten Groll gehen. Erkennt die Kostbarkeit eures

Zusammenseins. Schaut eher darauf, was ihr gemeinsam habt, was ihr miteinander teilt, und schaut nicht auf die Dinge, die euch trennen. Macht kein Dogma aus eurer Liebe – haltet sie frisch, vital, in einem Gefühl von Lachen und Humor. Laßt die alten Vorstellungen sobald wie möglich gehen.

Ich spreche von alten Überzeugungen, antiquierten Grundsätzen, die die Menschen in den Gefängnissen ihrer Vorstellungen gefangenhalten und ihre Handlungen bestimmen. Ihr Menschen von Nordirland! Hört auf! Laßt die Waffen fallen. Euer Kampf ist geboren aus einer uralten und verzweifelten Liebe füreinander. Ihr wißt ja gar nicht mehr, was Leben ist ... wenn ihr es wüßtet – wenn ihr jemals erkennen würdet, wer Gott ist und was wahrhaftiges Christentum ist, wenn ihr zur Religion eures Herzens zurückkehren würdet, dann würdet ihr diese Verrücktheiten beenden. Ihr alten frustrierten Krieger. Hört auf euer Volk. Ihr habt doch Menschen im Land, ihr habt Frauen, Mütter, Väter, Kinder. Hört eure Kinder weinen und lachen. Laßt euer Herz weich werden, und öffnet eure Augen und seht die Schönheit eures Landes. Wenn ihr mich jemals geliebt habt, wenn ihr mich jemals als jemanden angesehen habt, der etwas über die Menschen und ihre Sehnsucht nach Leben weiß – dann laßt sie auch leben! Laßt euch selbst leben! Ihr seid nicht zu alt, ihr seid nicht zu verhärtet, ihr habt immer noch ein Herz, das in eurer Brust schlägt, ihr habt immer noch Söhne und Töchter, für die ihr das Beste wollt. Ich meine euch beide – ihr Protestanten und ihr Katholiken. Es gibt wirklich nur EINEN Gott, und er lacht über alle Dogmen und Formen – er ist nicht in ihnen, er ist nicht einmal religiös – er war es nie und wird es nie sein. Diese Vorstellungen sind leer, so leer wie

Schuhkartons, die angefüllt sind mit dem Staub der Jahrhunderte. Staub des Todes, der nur wieder Tod schafft.

3. Oktober 1997

Was hat wirklich Wert? Wofür lohnt es sich zu leben? Ich lerne, lerne immer weiter. Das Lernen hört nie auf. Ich bin jetzt an einem Ort des Nachdenkens und des Lernens. Es ist ein bevölkerter Ort.

Hier gibt es sehr viele, mit denen ich spreche, mit denen ich teile, was ich gesehen und gelernt habe. Und ich gehe auch immer noch und besuche die, die ich geliebt habe. Die erste Wahrheit über Leben und Tod, auf die ich stieß, besteht darin, daß sie so eng beieinander liegen – sie sind ineinander eingebettet. Leben und Tod sind nichts Getrenntes. Ja, es gibt Leben jenseits des Lebens. Es ist, als ginge man durch eine Tür in etwas hinein, was man immer weiß und immer wußte. Der Vorgang des Sterbens ist nicht unbedingt eine Freude, das ist wahr. Und es war in vielerlei Weise schrecklich – in die Gesichter von Menschen zu schauen, die mich bloß sterben sehen wollten. Was wolltet ihr denn sehen? Wer war ich in diesem Augenblick für euch? Wer verstand überhaupt, wer ich war, und weshalb ich kam? Bin ich für euch alle eine Herausforderung? Wer möchte an meiner Stelle sein – mein elender Körper, zerrissen von verbogenem Metall – alle Knochen gebrochen – wissend, daß es nicht mehr reparierbar ist, daß keine Hilfe mehr möglich ist. Und immer noch drücken sie auf ihre Auslöser. Du siehst den Schweiß auf ihrem Gesicht, du siehst das Entsetzen in ihren Augen, und die Gier – es waren nur Augenblicke, und sie waren sehr lang. Ich konnte nicht glauben, was ich da sah und erfuhr. Und ich BEGRIFF. Ich verstand die ganze Tragödie – des Getrenntseins von Gefühlen, vom Leben überhaupt. Wenn du dem Tod so nahe bist, hast du ein intensiveres Gefühl für das Leben. Wenn du aber über das Leben immer nur liest und dir etwas darüber im Fernsehen ansiehst, dann ist auch der Tod etwas für dich, was du nicht verstehen wirst.

Aber dann begreifst du... Einige der Anwesenden am Unfallort...sie verstanden plötzlich... und nahmen ihr Verständnis, den Schock ihres Verstehens, mit sich – nach Hause zu ihren Familien, zu ihren Partnern, vielleicht sogar mit in die Bars und die Orte blinden Vergnügens. Ihr alle...wenn ihr nicht ausdrücken könnt, was ihr saht...dann lernt. Lernt, daß ihr das Leben gesehen habt...daß ihr einen nackten Körper gesehen habt, zerrissen, zerschmettert...und ihr saht, daß ich noch da war... und da bin. Drängt euch das nicht in euer Leben... zu verstehen, wer ihr seid? Die Schönheit und – ja – auch die Häßlichkeit, das fehlende Mitleid, die Gier, die ihr darstellt? Ist das vielleicht ein Augenblick des Nachdenkens über euch selbst, ein Moment der Reinigung... wie die brennende Fackel, die ich war. Ja, eine Kerze, aber auch Feuer...ich bin Feuer. Ihr sogenannten Paparazzi seid der Spiegel so vieler anderer. Ihr habt den Mut, nahe am Ereignis zu sein, ihr stürzt euch ins Leben und stürzt euch in den Tod – und ich empfand euch als Verbündete, was ihr oft auch wart. Ihr wart die Kanäle, über die ich mich selbst ausdrücken konnte. Ich frage euch: Habt ihr den Mut, darüber zu berichten, was ihr gesehen und empfunden habt? Ich sah eure Tränen, sah eure Qualen, sah eure Entschuldigungen und eure guten Absichten...

die Qualen in eurer Seele, während ihr diese Fotos gemacht und verkauft habt. Was immer ihr mit ihnen macht... ihr sollt wissen, daß ich es nicht mehr bin. Ich war nicht in diesem zerstörten Körper und auch nicht in meinem Leichnam in Westminster – ich war längst frei – freier, als ich es je zuvor war. Und Dodi war bei mir... meine Liebe.

Ich empfand in diesem Moment mehr Scham für euch als Schmerzen. Als der Wagen verunglückte, gab es einen derartigen Aufprall, eine solche Erschütterung... ein Schock durch alle meine Existenzen. Ich fühlte mich verletzt, fühlte mich vergewaltigt von dem zerrissenen Metall im Körper, von dem Aufprall, von der Körperlichkeit dieser Realität.

Minuten zuvor, als ich den Arm von Dodi fühlte und er mich hielt, nach dem Verlassen des Ritz – war es, als könnte ich fliegen – ich war so glücklich, das Glas Wein hatte mich ganz leicht gemacht – ich schwebte auf einer Welle des Glücks. Mit ihm. Ein Flug in den Himmel des Glücks, in den Himmel der Seligkeit.

Und der Wagen schlitterte...

Trevor wollte Henri zügeln, aber der wollte ihnen, wollte der Welt zeigen, was er konnte. Er schien stolz darauf zu sein, vorführen zu können, daß er jede Grenzlinie, jede Begrenzung überschreiten konnte. Und er tat es... kein anderer hätte es getan. Er konnte es tun... und irgend etwas in uns wußte es. Und er wußte es... Tage und Wochen zuvor.

Während er fuhr, spürte ich nach einiger Zeit die Bedrohung; ich spürte, daß etwas ganz falsch lief. Der Wagen bewegte sich nicht wie gewöhnlich. Er fing an zu schlingern, zu schaukeln. Ich fühlte mich nicht gut und griff nach Dodis Arm. Ich fühlte es, er auch. In diesen Sekunden, die sich irgendwie verlangsamten, fühlte ich, daß etwas Furchtbares geschehen würde. Etwas ganz außerhalb meiner Kontrolle. In einem Moment war ich klar und nüchtern – und wußte, es war das Ende. Ich wußte es Sekunden und Ewigkeiten, bevor es passierte. Ich schaute zu Dodi. Er schrie Henri etwas zu – und Henri... Henri lachte. Es war sehr seltsam – wir waren hier im Auto – die letzten Sekunden – und ich sah die Wirklichkeit aller Dinge. Es konnte nichts aufgehalten oder getan werden. Ich sah den Pfeiler auf uns zukommen, ich hörte das Krachen. Ich fühlte den Aufprall; dann war es ähnlich wie in einer Achterbahn, alles drehte sich – ich fühlte mich in der Hand einer ungeheuren, gewaltigen Macht jenseits meines Horizonts. Außerhalb meiner Gewalt – in einem solchen Augenblick versucht man, das Geschehende zu verleugnen, man möchte es lieber für einen schlechten Traum halten – aber es war mein Körper, der geschüttelt und zerrissen wurde, zerquetscht zwischen den splitternden Innenteilen des schweren Wagens. Und es fühlte sich vertraut an, so als ob ich das alles vorher gewußt hätte...

Als es still war, sah ich mich selbst von oben, sah mich heraushängen aus einem der Fenster dieses Trümmerhaufens. Ich sah mich selbst; ich blutete nicht. Ich war aus meinem Körper herausgerissen und kehrte langsam in ihn zurück. Und als ich wieder im Körper war, traf ein Blitzlicht mein Gesicht. In diesem Augenblick fühlte ich den furchtbaren Schmerz in meiner Brust und meinem Bauch; mein Herz klopfte sehr schnell und ich konnte nicht atmen. Bei jedem Atemzug fühlte ich den Schmerz von tausend schneidenden Messern. Deshalb entschloß ich mich, den Körper wieder zu verlassen, während ich etwas verwirrt auf all die Leute schaute, die um den Wagen herumrannten. Es kamen sogar immer mehr Leute dazu. Ich hatte das Gefühl, daß dies alles irgendwie ein lange einstudiertes Drama war – und sie waren die Schauspieler, die ihre Rolle gelernt hatten. In diesem Moment dachte ich an Dodi, ich fühlte ihn. Ich versuchte, ihn anzusehen – ich konnte mich aber nicht umdrehen und in den Wagen hineinschauen. Ich hörte nur die Leute sagen – da ist der andere;„ Oh, Gott“, sagte jemand; und ein anderer: „Ist dies Dodi al-Fayed... ?" Wieder war es ein gewaltiger Schock. Alles war zu Ende. In diesem Augenblick erinnerte ich mich an den Tag und die Tage zuvor, die glücklichen Stunden, das Lachen, die Zärtlichkeit zwischen uns – auch die wundervollen Momente im Ritz, als Dodi mich fragte... und ich ja sagte.

In den Minuten und Stunden nach dem Unfall, als die Zeit noch eine Rolle spielte, ging ich im Körper aus und ein. Irgendwie wollte ich den Ärzten und der Ambulanz helfen – sogar jetzt wollte ich sie damit glücklich machen, daß sie mich sich bewegen sahen; ich wollte ihnen ein wenig Hoffnung geben. Einem von ihnen erzählte ich von meiner Schwangerschaft – und sah seinen Gesichtsausdruck – den Ausdruck tiefsten Mitgefühls, den ich je im Gesicht eines Mannes gesehen habe. Aber ich wollte gehen, weil ich sah, daß Dodi gegangen – er war schon bei mir – dann kam ein Augenblick des Zögerns und der Frage, ob ich zurückkehren sollte; aber ich bedachte alle Folgen, auch die Folge, Dodi dann verlassen zu müssen. Und das wollte ich nicht – und als das Licht kam, war ich ganz bewußt; alles war vollkommen. Ich gab mich auf...

Ihr Lieben... alle, die ihr dies hört und lest. Hört noch stärker in euer Herz hinein. Es ist wichtig, zu leben.

Bleibt am Leben, bleibt da, wo ihr seid. Jeder verfolgt im Leben einen anderen Zweck, hat andere Pläne. Glaubt nicht, es wäre mutig, das Leben auf dem wundervollen Planeten Erde aufzugeben und zu gehen. Mein Leben war abgeschlossen, wie ihr seht... auch wenn ihr nicht denkt, daß es das wäre.

Euer Leben aber ist noch nicht abgeschlossen... auch wenn ihr das glaubt... auch wenn ihr meint, es nicht mehr ertragen zu können... ich habe das sehr oft gedacht... mit 6, mit 14, mit 33 Jahren und so oft dazwischen. Das ist verständlich – denn wenn ihr Kinder der neuen Zeit seid, wenn ihr zärtlich und mitfühlend seid, Menschen mit Herz und Leben... dann liegt es nahe, sich nach der Freiheit einer anderen Form des Lebens zu sehnen. Ihr erinnert euch nämlich. Ihr erinnert euch an einen Zustand, frei von allen Schmerzen zu sein. Und das ist wahr. Unterliegt nicht dem falschen Glauben: Ihr könnt nur selig sterben und das Gefühl des Heimkommens haben, wenn ihr wirklich gelebt habt. Das Leben auf dem Planeten Erde ist wichtig, und ihr habt etwas zu tun.

Es gibt soviel zu tun. Geht zu den Kranken und Armen. Heilt jene durch Liebe, die verzweifelt sind, die krank sind... auch wenn ihr das für deren eigene Schuld haltet. Verschenkt euer Lächeln, und das Glück wird in eure Herzen einziehen, und ihr werdet das Gefühl wirklichen Lebens haben.

Ihr wißt, daß ich meinen Kopf immer zur Seite geneigt habe... ich stellte immer Fragen... ich fragte immer: Was ist hier die Wahrheit, und wie kann ich Liebe zeigen? Und während ich euch anschaue, frage ich auch... werdet ihr etwas von euch selbst schenken? Werdet ihr freigebig mit eurer Liebe, eurem Herzen sein?

Wißt ihr, selbst die Mächtigsten dieser Welt schreien nach Liebe... denn wenn man stirbt, gibt es nur eine Frage: Habe ich genug geliebt? Und wenn ihr viel an Geld und Einfluß zu geben hattet... ist die nächste Frage an euch: Wie habe ich meinen Reichtum und meine Macht gebraucht?

Was macht ihr mit all dem Geld? Ich habe oft über die Mächtigen und die Reichen der Welt nachgedacht. Weshalb vergessen sie, was sie Gutes mit ihrem Reichtum anfangen könnten? Und ich war sehr berührt davon, wie viele mir kleine Summen schickten, um meine Projekte zu unterstützen. Viele hatten fast nichts zum Leben – und sie gaben. Wißt ihr, wieviel Geld nötig ist, um ein Kind ein Jahr lang zu ernähren... in Afrika, in Indonesien, in Asien? Zehn, zwanzig Pfund Sterling? Wißt ihr, daß Millionen und Milliarden Pfund in Banken und Sparkassen, in Aktien und Pfandbriefen, in Immobilien angelegt sind – die nichts anderes machen, als sich zu vermehren? Wachsen wohin? Was wächst da? Sie wachsen, diese Tonnen an aufgehäuftem Geld – und jene, die wirklich wachsen sollten, müssen sterben? Das ergibt hier keinen Sinn. Alles, was festsitzt, bewegt sich nicht. Herzen bewegen sich, Herzen sind gegen die Festgefahrenheit... der Geist Gottes ist wie ein Hauch, der alles bewegen will, wenn ihr euch nur bewegen lassen wollt. Und den Geist Gottes findet man nicht auf einem abgezäunten Berg oder in einem fernen Himmel – nein, der Geist Gottes ist direkt in euren Herzen und will dort bewegen, will atmen, will leben und wachsen – verschenkt deshalb das Blut eures Reichtums und eures Wohlstands – auf jede Weise – laßt es fließen. Laßt das Blut des Mitleids durch eure ganze Welt fließen, und es wird sogar Vulkane besänftigen, es wird das äußere Feuer zu Ende bringen, wenn ihr dazu bereit seid, das Feuer in eurem Herzen brennen zu lassen. Die Erde zeigt euch, was in euren Herzen vorgeht – die Tränen der Erde sind ihre Flut, die unerfüllten Leidenschaften der Erde sind ihr Feuer, der ersehnte Ausdruck der Seele der Erde sind die Ausbrüche der Vulkane. Wenn ihr Angst, Frustration und geistige Unbeweglichkeit hinter euch laßt, wird die Erde darauf reagieren. Die Erde ist das Feld eurer Träume. Sie spiegelt, was ihr seid.

Und die Erde zitterte. Sie zitterte wegen euch und mir. Ich war eine wahre Königin – und fühlte mich so – ich war in Verbindung mit jedem eurer Herzen – scheue kleine Diana... Diana, die wußte, daß Liebe Berge versetzen kann. Ja, ich wollte Königin werden, und ich bin es – ich habe meine Mission erfüllt – ich gab euch die Königswürde zurück – eine Königswürdemit allen Schwächen und Fehlern, mit allen Leidenschaften und Absichten, die ich hatte – eine Königin eurer Herzen, nicht eures Verstandes. Ihr habt soviel Verstand; Verstand wächst und Verstand stirbt. Es wird aber nicht der Verstand sein, der in den nächsten Jahrhunderten herrschen wird – Herz und Geist werden in die neue Zeit führen – und ihr habt entschieden. Ja, alle von euch, all jene, die mir nahe waren, die die Verbindung spürten, alle, die im Stillen weinten, ihr alle, die ihr zu euren Eltern lieber wart, zu den Kranken und Schwachen, den Obdachlosen, ihr alle, die ihr Blumen an den Palästen der Tradition niedergelegt habt, um sie zu Palästen der Zukunft zu machen – ihr alle, die entschieden haben, daß die Erde leben soll! Es war eine Antwort an all jene, die das Ende vorausgesagt haben und noch voraussagen, die vorausgesagt haben, daß Liebe und Mitgefühl durch Frustration, Zerstörung und Tod ersetzt werden. Die Antwort ist: Nein; die Liebe lebt. Die Liebe existiert und wird sich durchsetzen, immer und ewig – denn die Liebe ist der Stoff, aus dem die Erde besteht.

Vergeßt deshalb nicht. Haltet das Zeugnis meines Lebens in Erinnerung. Es geht nicht um mich... ihr werdet mich und mein Leben sicher im Laufe der Jahre vergessen... ihr müßt euch nicht an mich und das, was ihr für mich empfunden habt, erinnern... erinnert euch an das, was ihr über EUCH SELBST gefühlt habt, als ihr die Blumen in Kensington, am Tunnel und an Orten rund um die Welt niedergelegt habt. Was sich in euren Herzen bewegte, als ihr die Beerdigung angesehen oder besucht habt; als ihr die Reden, den Chor und die Lieder gehört habt.

Es hat einen Grund... es hat einen Grund, daß ich als Frau zur Welt kam. Alle ihr Frauen, die ich anrühre – erinnert euch eurer Stärke. Erinnert euch eurer Kraft – erinnert euch an das, was ihr gefühlt habt und noch fühlt – ja, ihr seid wichtig, ihr seid die Erlöser der Welt – ihr werdet die Mauern einreißen und ihr braucht Mut. Ja, weint und lächelt dann. Macht den Mund auf, macht die Augen auf. Beendet die Dunkelheit, beendet die Verstrickung – laßt das Lebensblut von Kraft, Geld und guten Werken an die Orte der Trauer und Verzweiflung fließen. Laßt niemand ohne Nahrung, den ihr nähren könnt. Es bedarf dazu nicht viel; ihr braucht nicht Königin oder Päpstin zu werden, nein; ihr könnt da tätig werden, wo ihr gerade seid – Frauen der Welt, erschafft ein Netzwerk eurer Herzen – beendet die Kriege, beendet den Wahnsinn derer, die nicht leben können oder wollen. Frauen, meine Freundinnen, ihr seid die Trägerinnen des Lebens – seid es. Zeigt es...

Und es GIBT Männer, die zuhören!! Dodi war und ist einer von ihnen. Sein Leben war nicht vollkommen, er war ein Suchender; er lebte sein Leben und und sprang wie jeder von einer Seite auf die andere; aber er besaß das Herz eines Mannes, der wußte, wie man zu einer Frau sein muß, wie man ihre Kraft, ihre Leidenschaft und ihren lebentragenden Körper respektiert. Deshalb, ihr Männer, befreit die weibliche Seele in euch, wenn ihr mich versteht, denn ihr habt sie auch in euch. Charles hatte sehr viel davon, William und Harry haben sehr viel davon, es ist viel davon in all den Männern, die das Flüstern der Seele kennen.

So viele wissen das, ihr, die Künstler der Welt, die Musiker, Dichter, Schriftsteller, Drehbuchautoren, Filmproduzenten – füllt die Lücke mit Leben! Füllt sie mit Liebe und Wert. Ihr wißt, wie das zu tun ist. Irrtümer und Fehler, Kriege und Zerstörung darzustellen – dies immer weiter zu tun und jene Muster immer wieder zu zeigen -- das ist so altmodisch wie die Dinosaurier. Immer wieder sehen dies die Menschen; Kinder, ganz kleine Kinder in ihrer Wiege sind ständig von diesen Bildern umgeben, sind von diesen elektronischen Gedanken und Bildern umgeben, die sich ihren Weg in den Geist bahnen, immerzu in ihr Hirn – die kleinen Kinder, deren Gehirn empfänglich und begierig ist, alles aufzunehmen, was ihnen geboten wird... denn sie wollen lernen. Kinder wollen lernen... und es ist eure Verantwortung, was sie lernen... was sie sehen und aufnehmen... jeden Tag direkt oder indirekt.

Wacht auf, Leute. Sucht das Leben – sucht das Gute. Viele Menschen in allen Ländern und Staaten haben keine Arbeit und keinen Beruf. Das ist ein Zeichen... so tut die Werke der Liebe. Selbst wenn ihr keine Arbeit habt... heißt das nicht, das ihr ohne Arbeit seid. Es gibt tausend Möglichkeiten, etwas zu TUN. Ja, das ist so, und es muß auch so sein... die bisherige Art, zu leben und zu arbeiten, ist überholt... es müssen Tätigkeiten erfunden werden... in Krankenhäusern, Kliniken, auf den Straßen, in Laboratorien, im Dienen – dient eurem Nachbarn. Oh ja, viele Tätigkeiten können geschaffen werden, die auf Liebe und Obhut gegründet sind... und sie warten darauf, ausgeführt zu werden. Wie viele Menschen haben mitgeholfen, die Tonnen an Blumen wegzuräumen? Wie viele von ihnen hatten eine Kurzarbeit, weil diese Blumen gepflückt, zugestellt, zusammengebunden und verkauft werden mußten? Wie viele Tätigkeiten sind aus Liebe zu mir entstanden? Könnt ihr nicht andere lieben und bei eurer Arbeit bleiben? Schenkt denen Blumen – jeder Art –, die sie wirklich brauchen. Wie sehr war die Erde bereit, all diese Blumen zu schenken? Habt ihr den Wunsch gehabt, der Erde dafür zu danken? Die Erde ist bereit; seid ihr es?

Das ist jedoch ein immer wiederkehrendes Thema – ich habe darüber schon früh in meinem Leben nachgedacht. Alles schien seinen Ursprung entweder in Gleichgültigkeit, Haß und Dunkelheit, oder es schien seinen Ursprung in Liebe, im Streben nach Frieden, im Schöpferischen, im Lachen, in der Freude zu haben. Schon sehr früh schaute ich in die Gesichter anderer, anderer Kinder, Erwachsener, alter Menschen, sogar in die Gesichter der Tiere – und wunderte mich, wieso sie so traurig aussahen. Ich wollte das ändern – ich wollte den Menschen das Lachen und die Freude schenken – ich wollte sehen, wie diese Traurigkeit aufhörte und der Freude weichen konnte. Es war schrecklich für mich, Bilder vom Krieg zu sehen; besonders, wenn Kinder betroffen waren. Es gab Zeiten, in denen ich bezweifelte, auf dem richtigen Planeten zu sein. Und dann wieder... in meiner Beziehung zur Natur und zu meinen Tieren, in der Freude mit meinen Geschwistern und Freunden... glaubte ich, das Leben sei gut, das Leben sei schön. Aber ich konnte nicht begreifen, weshalb Leute Kindern und Tieren so etwas antun können... es erschütterte mich tief im Inneren; ich fühlte die Kälte, die hier aus einer Quelle fließt, die ich nicht verstehen oder erklären konnte.

Und solche Gedanken und Überlegungen haben mein ganzes Leben bestimmt – wenn ich Bilder von Krieg und Zerstörung sah – dachte ich bei mir: Sind diese Soldaten nicht Kinder von Müttern, sind sie nicht Väter von Kindern? Ist es denn so schwierig für sie, daraus zu erkennen, daß sie ernten werden, was sie gesät haben? Ich lernte das im Kindergarten, ich lernte es im Bibelunterricht – überall wird es gesagt – und sie handeln so, als ob es nicht so wäre. Überall ist es gesagt – in jeder Religion; ich konnte es nicht glauben, daß Menschen aufgrund religiöser Unterschiede streiten. Es gibt nur Menschen... nur.

Ich entdeckte in Laufe der Jahre, daß es Menschen gibt, die Gefühl haben, die nahe am Leben sind – und solche, die ---wo sind die? Wo sind diejenigen, die anderen so etwas antun können? Schlägt denn kein Herz in ihrer Brust? Was wollen sie zeigen, beweisen, verfestigen? Und dann entdeckte ich es: Es gibt eine Kraft in den Menschen, die gegen das Leben gerichtet ist – etwas Dunkles, Graues, etwas sehr Kaltes. Etwas, das Vergnügen daran hat, zu verletzen, zu quälen, kaputt und krank zu machen, einzusperren – etwas Sarkastisches und Zynisches – etwas ohne Angesicht –; das Gesicht kann nämlich lachen, es kann urteilen, es kann lügen – das Gesicht. Das andere aber ist eine Fassade, es sind Wörter, die aus einem leeren Mund kommen.

Sind solche Leute taub und blind? Wie sehr müssen sie sich selber hassen, wenn sie dies alles geschehen lassen und tun? Wo ist ihre Seele?

Wer stachelt die Kriege in Bosnien immer wieder an? Wer vermag einer bettelnden Mutter und einem seufzenden Kind nicht zuzuhören? Und wer nährt sich von all dieser Pein... ?

Und die Antwort ist: die Gleichgültigkeit. Alle diese Dinge werden stärker... Gleichgültigkeit, Apathie... der wahre Feind der Liebe. Der Mangel an Willen, etwas zu verändern, der Mangel an Willen, das Herz in den Mund zu nehmen... das Gegenteil von Liebe... und seine Brüder und Schwestern sind Fanatismus, Gewalt, Vergewaltigung, Rücksichtslosigkeit... diese können nur auf dem Boden der Gleichgültigkeit von Menschen gedeihen, die Notizen, Nachrichten und Bilder lediglich konsumieren und nicht selbst im Leben handeln.

Wird alles vergessen werden, werdet ihr in die Apathie zurückfallen? Wascht euer Gesicht und zeigt es! Helft meinem Sohn William, der König der Herzen zu werden. Er ist nicht gleichgültig. Er trägt den Samen in sich, den ich in einer Liebesstunde mit seinem Vater gesät habe, der den starken Willen beisteuerte. In William sind Liebe und Wille vereint. Er schulte Herz und Seele lange Zeit für diese Aufgabe, in vielen Leben. Er ist willens. Er ist offen. WENN IHR ES IHN SEIN LASST... und ihn mit euren Gebeten und guten Gedanken unterstützt. Es geht nicht mehr um mich, es geht nicht mehr um Charles – es geht nicht mehr um die Monarchie, die Art, wie sie überleben kann... es geht um William und alles, für das er eintritt... das Zusammenwirken von Charles und mir ist so viel mehr als die Summe von uns beiden... Und er ist, er kann für viele zum Vorbild werden. Für die Jugend, für die kommenden Menschen – stark in Herz und Geist, mit dem wahren und furchtlosen, an der Zukunft ausgerichteten Charisma. Gefühle sind ein großes Hilfsmittel für Güte und Wahrheit. Wenn ihr William mit euren Gefühlen unterstützen könnt, könnt ihr Güte und Wahrheit unterstützen, weltweit, in einer Region und in eurem eigenen Heim. Und der beste Schutz für William IST, wenn ihr, die ihr mich liebt, ihn liebt – und alles, was er darstellt.

Ja, die Zeiten der alten Monarchie sind vorüber. Die Monarchie, so wie sie auf vergilbtem Papier steht, wird vom Feuer der Leidenschaft verbrannt. Es gibt nichts zu bewahren, nichts zu erwarten. So wie der Kolonialismus, wie Grenzen und Mauern zusammenbrachen, so wie Europa sich öffnet und die Welt zusammenwächst – so wird die alte Politik verblassen und versiegen, ihr Leben verlieren, ihr Blut verlieren – sie wird die Menschen nicht weiter ernähren oder ihnen Arbeit und Heim geben. Sie können alle Reichtümer der Erde ausgraben, aber kein Reichtum der Welt kann das Kommende aufhalten – eine neue Ära und eine neue Art der Monarchie. In dieser Monarchie wird es keine ‚Untertanen" mehr geben, sondern Menschen, menschliche Wesen. Und die königliche Familie besteht aus Menschen, die in ihren Herzen königlich sind. Sie werden die neue Monarchie gestalten. Eine Monarchie als Quelle von Macht und Liebe, von Stärke und Weisheit – nicht die Weisheit eines alten, schwachen Bewußtseins, sondern die Weisheit eines brandneuen Geistes, des Geistes eines Kindes, könnte man sagen. Hört auf dieses Kind, hört auf das Kind in euch. Es ist nicht unklug. Es hat Bedürfnisse – hört auf seine Wünsche. Wahre Wünsche, gesunde Wünsche, wunderbare Wünsche. Eine neue Monarchie mit einem neuen Herzen – mit einer strahlenden und wundervollen Zukunft, die von jenen erschaffen wird, die träumen und vorausschauen wollen. Wie oft haben wir geträumt, William und ich, Harry und ich, wir alle gemeinsam. Fantasie und Abenteuer – das war mein täglich Brot mit Charles und meinen Geschwistern. Träumen, stundenlang tagträumen. Ohne Zweck, ohne Grenzen – einfach mit Begeisterung auf- und abspringen. Träumen und wissen, daß solche Träume wahr werden können. Laßt zu, daß eure Kinder ihre eigenen Träume haben und laßt sie wahr werden.

Eure Träume und Visionen sind mächtig, William und Harry, und alle ihr Williams und Harrys der Welt – Kinder der Welt. Sie sind wahr. Wenn Ihr den Zorn und die Trauer darüber loslaßt, daß ich körperlich nicht mehr unter Euch bin – wenn Ihr das durch die Mutter ersetzt, die Ihr immer IN EUCH tragt – wenn Ihr mir verzeiht, daß ich von Euch gegangen bin, und wenn Ihr versteht, daß ich Euch nicht verlassen habe – wenn Ihr das alles durchdacht habt, dann nehmt euch ein Herz, geht los und werdet die, von denen ICH GETRÄUMT HABE, daß Ihr sie werdet. Ich und euer Vater in den Stunden der Liebe.

Und ich möchte Euch sagen: Was immer wir sprachen, was immer wir taten, was immer unsere Kritik in den Zeiten der Not und der Uneinigkeit war – Euer Papa und ich liebten uns tief – und lieben uns immer noch. Ja, wir sind getrennt, und es scheint, als ob wir jetzt noch mehr getrennt sind. Aber wir sind heute näher zusammen als in den Zeiten, in denen wir versuchten, zusammen zu leben. Am Ende ist es mir gelungen, an dem Ort zu sein, an dem ich sein wollte – an einem Ort in seinem Herzen. Wenn Ihr bei ihm seid, wenn Ihr mit ihm spielt, wenn er Euch besucht, sollt Ihr immer wissen, daß ich auch da bin, denn ich schlüpfte in sein Herz – ja, ich tat es. Ich schlich mich hinein – und er ließ es zu. Das war ein herrlicher Augenblick, und es bleibt. Es wird immer da sein, auch wenn er wütend ist und sich nicht darum zu kümmern scheint – es ist die Wahrheit. Ich bin dort. Und ich bin hier. Und ich bin in jedem Augenblick der Freude, den wir gemeinsam hatten, an jedem Ort, an dem wir gelacht und gekichert haben. Ich bin da bei Euren Tanten und Onkeln, die mich geliebt haben und immer noch lieben, bei allen Menschen, die um Euch sind und mich geliebt haben. Ich sage das nicht, weil ich wie eine ewige Mama, die alles kontrolliert, über Eurem Leben schweben will – nein, ich sage das als Trost und Versprechen, daß Ihr nicht allein seid und mit mir sprechen könnt, so oft Ihr wollt. Und – wenn Ihr wollt – werde ich antworten – auf viele Arten. Das ist mein Vermächtnis für Euch. Ich bin Eure Mutter und werde es immer bleiben.

Wenn Trevor ins Leben zurückgekehrt, wenn er sprechen kann – zwingt ihn nicht, sich zu erinnern. Sein Gedächtnis ist versiegelt. Er wird sich nicht erinnern. Quält ihn nicht, besteht nicht darauf. Er ist ein feiner Mann – laßt ihn so sein, wie er ist. Er hatte seine Rolle in dem Ganzen. Und seine Zeit war noch nicht gekommen. Er war angeschnallt – wir nicht. Versucht nicht, es herauszufinden. Wahrlich, alle von euch, alle, die ihr eine Begründung braucht, eine Verantwortlichkeit, die ihr den Finger ausstreckt – zeigt mit dem Finger auf euch selbst. In eurer Welt geschieht nichts, was nicht auch in euch ist. Das ist die Verantwortung und die Kraft, die ihr habt; weil alles ihr selber seid, könnt ihr es anders machen – und seid nicht die Opfer. Auf viele Weise sah ich mich dort in den Kindern, in den alten Menschen, in den Heimatlosen, in den Kranken. Ich sah mich selbst und bin froh darüber, daß ich dem Leben Zeiten eingeräumt hatte, in denen ich selbst die Verzweiflung spürte, die ich bei anderen sehen konnte und verstand.

Zieht aus diesem Grund keine Schlußfolgerungen. Versucht keine Verschwörung oder andere Geschichten daraus zu machen. Selbst wenn ihr eine entdecken würdet, würde das nichts helfen. Es würde mich nicht ins ‚Leben" zurückbringen – und ich möchte auch gar nicht zurückkommen, denn ich BIN zurück im Leben. Ich würde gern zu meinen Kindern ‚zurückkommen", das ist wahr. Aber in den Reichen, in denen ich noch eine Zeit lang verweilen werde, sieht man die Dinge anders – man sieht sie mit großem Verständnis und aus einer Art höherer Perspektive. Man sieht das Wirken von Zeiten und Begleitumständen, wie und weshalb Menschen geboren werden und sterben, durch dies und das und Umstände – wie Seelen kommen und gehen – es ist sehr anders, als wir das auf der Erde sehen. Es gibt hier ein tiefes, mitfühlendes Verstehen – sogar ein humorvolles, heiteres, freudiges, sicheres, ein vertrauensvolles.

Macht mich also nicht traurig, indem ihr anderen die Schuld gebt. Das ist es NICHT, was ich will. Wie ich schon sagte, ist niemand schuldig – aber jeder spielt seine Rolle – sogar ihr, die ihr dies lest. Denn alles und jeder scheint miteinander verbunden, miteinander verwoben. Es wäre sogar verletzend, meinen Tod zu einem Gegenstand des Streits zwischen Muslimen und Christen zu machen, zwischen den Menschen, die Dodis Familie lieben, und solchen, die meinen, sie müßten britisch genug sein und mit dem Finger auf sie zeigen. Es gibt genügend Streit zwischen den Nationen und den Religionen.

Welch eine wunderbare Gelegenheit wäre es, zu verzeihen und zu heilen. Auf allen Seiten. Das würde den Fundamentalismus auf allen Seiten auslöschen, lösen und befrieden. Dieser schädliche Fundamentalismus stammt nicht von Gott, nicht von dem einen und alleinigen Gott – der das Licht und die Quelle von allem ist, was existiert... Fundamentalismus mit all seinen häßlichen und gräßlichen Gesichtern... ist der letzte Versuch, an der Vergangenheit zu kleben, einer Vergangenheit der Ausbeutung, der Unterdrückung, des Aufrechterhaltens „der männlichen Macht" und der Verstümmelung aller Kreativität und der lebentragenden Weiblichkeit und aller wirklichen Menschenkraft.

Aus diesem Grund sind sie besonders grausam gegenüber Frauen und Kindern – in Algerien, in Ägypten, in Spanien, Irland und anderswo. Sie können das Leben nicht ertragen. Der Fundamentalismus haßt das Leben und alle seine Formen. Und Fundamentalismus gibt es überall, in Religionen, in der Politik, in den Interessen von Volksgruppen, in der Ideologie, in der Erziehung und in antiquierten Staatswesen, die ihre Macht erhalten wollen und in ihrer Machtlosigkeit verletzen und töten müssen. Der Fundamentalismus ist immer ein Zeichen dafür, daß eine alte Macht verschwindet und etwas Neues, eine Liebe die Oberhand gewinnt. Die Liebe ist eine Flut, ihr könnt sie nicht aufhalten – ihr könnt sie lenken, wenn ihr ihr aber Widerstand leistet, wird sie alles unter Wasser setzen. Und Wasser ist stärker als Mauern. Tränen der Liebe sind stärker als Schreie des Hasses. Vergeßt das nicht. Die Tränen werden hier getrocknet und geben Zeugnis. Der Fundamentalismus richtet sich immer gegen Frauen und Kinder, er wird immer aus der Furcht vor der Frau, vor der Göttin, geboren.

Männer der Welt. Wißt ihr überhaupt, was es bedeutet, wenn eine Frau euch liebt? Ja, ihr im Osten und Westen, im Norden und Süden. Wißt ihr, was sie sieht, wenn sie euch liebt? Ist es nicht so, daß sie ein Ebenbild Gottes sieht; ist es nicht so, daß sie den liebenden Mann sieht? Einen Mann, der sich selbst und die Welt liebt, für die er zuständig ist? Es ist gleichgültig, welche Position, welchen Rang, welchen Beruf er hat. Sieht sie nicht in ihm den Einen, der ihrem Wesen Form verleiht; sieht sie nicht in ihm den Einen, der seine innere Schönheit und seinen Reichtum schenkt, seine Zärtlichkeit und seinen Sachverstand? Schenkt er nicht die Liebe seiner eigenen Seele und der von ihr? Schenkt er nicht die Form seiner Hände, die Schönheit seines Munds, den geraden und zärtlichen Blick seiner Augen – ist er nicht dazu bestimmt, sicher und bewährt zu sein, zu wissen, was er tut oder nicht tut, aus der Ehrlichkeit und Integrität seines Herzens? Ist er nicht derjenige, der das Feuer der Leidenschaft entzündet, so wie sie dafür sein Feuer entzündet, das Leben und Form, das Schöpfung schenkt? Hat es jemals Schöpfung ohne Leidenschaft gegeben oder Leidenschaft ohne Schöpfung? Liebt sie nicht euer Lächeln, die Weichheit eurer Haare, die aufrechte Haltung eures Körpers? Möchte sie nicht eurem Genius zum Durchbruch verhelfen? Wünscht sie sich nicht, sich mit eurem Geist zu verbinden, damit ihr Geist aufsteigen kann? Daß sie inspiriert sein kann? Ihr Männer, was denkt und fühlt ihr? Weshalb versteckt ihr euch immer noch und versucht, das Vergangene am Leben zu halten? Warum versteckt ihr euch immer noch hinter eurer Männlichkeit, die Kriege hervorbringt, den Fundamentalismus und die Zerstörung? Ist es die Weise, wie ihr euch verbergt?

Und ihr, meine Geschlechtsgenossinnen, wie lange werdet ihr das glauben? Wie lange wollt ihr ihm gestatten, sich hinter Sorge und Ärger zu verstecken, hinter den Ängsten, sein Territorium einzubüßen, hinter seiner Überlebensangst, hinter den antiquierten Formen, Probleme zu lösen – Probleme, die es gar nicht gibt? Wie lange noch wollt ihr eure Macht abgeben – lernt aus dem, was ich getan habe. Ich habe meine Macht zu Zeiten weggegeben, ich erlag der Magersucht, ich habe meine Wunden gezeigt, ich habe mich selbst verstümmelt, ich schnitt mir in Arme und Brüste – all das tat ich, so daß ihr das nicht länger tun müßt. Ihr müßt nicht verschwinden! Hört auf und laßt die Scham für euer Dasein los! Seid die machtvoll Liebenden, die leidenschaftlichen Frauen, die ihr seid. Nehmt euer Herz und nehmt euren Mut, nicht gegen die Männer, sondern für euch und für sie – zeigt, wer ihr seid, zeigt eure Macht, indem ihr für die Welt und ihre Kinder, die ihr tragt, eine Zukunft schafft, und sprecht zu den Herzen der Männer, die ihr liebt, damit sie es merken. Damit sie sich selbst verstehen, und damit sie euch verstehen. Reicht ihnen die Hand, zeigt Geduld und Mitgefühl – sie brauchen das, um ihre zusammenbrechende Welt loszulassen – und sie wissen nicht, wohin sie sich wenden sollen. Jetzt ist es an der Zeit, ihnen ein neues Heim zu bauen, ein neues Heim in eurem inneren Sein, in eurem Schoß. Dann werden sie ein Heim für euch bauen. Es gibt nichts Größeres, als wenn ein Mann und eine Frau in einem Geist vereint sind.

Danach strebte ich, als ich zur Welt kam. Ich wußte es damals nicht deutlich, aber jetzt weiß ich es. Es ist das, wovon ich geträumt und was ich mir ausgemalt habe. Mann und Frau gemeinsam, – teilen Lachen, Zärtlichkeit, Sich-Schätzen, Absichten, Pläne... und Kinder. Mit dem anderen zu verschmelzen – in Respekt und Vertrauen. Das war es, was ich ständig bei den Männern suchte, die ich kannte, bei den Männern, die ich geliebt habe... auf die eine oder andere Art. Ich konnte es bei Charles nicht mehr finden – er und ich – wir hatten aufgegeben. Es ist traurig. Es gab die Möglichkeit. Es gab die Chance... wir haben sie nicht genutzt... zuviel Vergangenes, zuviel Ärger, zuviel Herrschsucht, zuviel Opfergefühl... aber die Chance war vorhanden, und selbst diese Chance und die Monate, in denen wir uns tief geliebt haben, wiegen alles auf.

Wenn es nur im Bruchteil einer Sekunde möglich ist, dann kann es für ein ganzes Leben möglich sein. Die Zukunft dieser Erde ruht in einer neuen Beziehung von Mann und Frau, denn sie haben zu allen Zeiten das Gesicht der Erde und das Schicksal der Welt bestimmt. Wenn ihr tief genug hineinschaut, werdet ihr diese Wahrheit entdecken. Wenn ihr Gott finden und in Frieden mit ihm sein wollt, seht ihn im anderen Menschen, seht ihn in euren Kindern, seht Gott in jedem, der euch begegnet. Erkennt, daß der Geist Gottes in jedem ist, den ihr haßt, in jedem, der krank ist und in Problemen steckt. Erkennt, daß die Würde und Vollkommenheit Gottes in jenen ist, die ihr lieber nicht anfaßt. Überwindet eure Angst und berührt sie – es ist eure Haut, die Wärme spendet, die etwas von euch schenkt.

Gebt von euch selbst. Seid mutig und gebt. Nicht mit säuerlichem Gesicht, sondern lächelnd. Kleidet euch schön, wenn ihr die Möglichkeit dazu habt. Macht und erhaltet euren Körper schön. Treibt Sport, tanzt, lacht, habt Spaß, geht in die Natur – liebt euren Körper. Er ist kostbar, so kostbar. Liebt euch selbst. Liebt jeden Augenblick eures Lebens. Liebt jeden Atemzug, den ihr macht.

Für Ärger und Sorgen erwerbt ihr im Himmel keine Verdienste. Ihr werdet keine Auszeichnungen für eure vornehme Zurückhaltung bekommen, für euer Zögern, für das Festhalten an alten Sicherheiten und Bankkonten. Im Himmel gibt es keine Podeste für mumifizierte Standbilder mit Verdiensten irgendwelcher Art, die Etikette und Protokoll am Leben hielten (oder besser gesagt: ‚am Tode hielten"). Das ist es nicht, was von euch gebraucht und erwartet wird. Das bringt euch nicht in die Ruhmeshalle. Es gibt keine Ruhmeshalle, es gibt keinen solchen Ort und keine Verdienste für Martyrer mit welchen Namen auch immer. Ihr werdet nicht heilig gesprochen, wenn ihr sterbt im Namen von... Das ist alles von Menschen gemacht und oft sehr tragisch.

4. Oktober 1997

Liebt euer Leben. Ich liebte das meine. Liebt, lacht und tanzt. Wenn man tanzt und lacht, werden viele Dinge leichter. Sogar die Schwierigkeiten werden dann ein Teil eures Tanzes und können sich verändern und besser werden. Deshalb liebte ich das Ballett so sehr. Alle, die ihr mich liebt und kennt, ich möchte euch ermutigen, noch mehr von euch zu geben. Gebt das Beste von euch im Ballett.

Von hier aus sehe ich: In vieler Hinsicht ist das Leben ein Tanz. Wenn ihr eure Pirouetten dreht, eure Pas de Deux tanzt, oder euch dem freien Tanz hingebt – seid ihr dem Leben nahe. Wann immer ich tanzen konnte, war ich ganz ich selbst. Ich liebte auch den Sport – sehr sogar. Schwimmen ist auch eine Art Tanz – ein Tanz im Wasser.

Man kann sogar springen – und Springen ist eine Erfahrung von Freiheit. Aber zu tanzen, sich herumzuwirbeln – egal, ob Walzer, Fox, Samba, Rock'n Roll oder frei – heißt, in den Rhythmus des Lebens einzutauchen. Das ist auch sehr erotisch. Es berührt alle Teile deiner Existenz.

Ich liebte es, zu tanzen. Charles meistens nicht. Daher tanzte ich mit vielen anderen – und sie waren überrascht. Ich gab mich im Tanz ganz hin. Und so kamen sie auf alle möglichen komischen Ideen. Ja, der Tanz mit einem Partner ist etwas Nahes. Wenn man tanzt, kann man nicht bitter bleiben. Wenn du dich dem Tanz wirklich hingibst, kannst du nicht in deiner Bitterkeit verharren – weder dem Tanzpartner gegenüber noch den anderen Tänzern im Raum gegenüber. Ist das der Grund, daß so viele nicht tanzen wollen?

Ich habe viele Arten von Tänzen erfunden – die, die mich kennen, wissen das. In meiner Art Tanz war ich immer nahe. Denn Tanz ist mehr, als sich nur bewegen. Man bewegt sich ZUSAMMEN. Geleichgültig, ob du den anderen dabei berührst oder nicht. Ihr bewegt euch zusammen, ihr schaut euch in die Augen – und so SEHT ihr euch. Ihr entdeckt euch gegenseitig. Ihr freut euch aneinander. Tanzen könnte viele zerbrochenen Ehen und Partnerschaften heilen. Und es ist so schade – die meisten wagen es nicht, ihren inneren Widerstand zu überwinden. Es ist wie mit allem – wenn du tanzt, mußt du deinem Partner vergeben – sonst bleibt dein Körper steif. Versteht ihr? Ihr müßt euren Stolz und eure Bitterkeit überwinden, alles das, was ihr festhaltet und was euch steif, leblos und damit krank macht.

Wieviel Geld ich durch das Tanzen gemacht habe! (Sie lacht). Auch ihr könnt das. Tanzen macht dein Leben reich. Es bringt nicht notwendigerweise mehr Geld, aber es macht dein Leben reicher und wirft altes Verhalten hinaus, all dieses Festgefahrene. Wenn du tanzt und dabei lachst, dann lache, wenn du dabei weinen mußt, dann weine – aber tanze! Oft, wenn ich verzweifelt war – in Kensington oder sonstwo – die Momente, in denen ich allein war, habe ich Musik gespielt und für mich selbst getanzt – es war auch eine Art Aerobic, ja, aber es war Tanz – und ich ließ mein Lachen, mein Weinen, meine Kämpfe und Verzweiflung einfach fließen.

Ich war keine Märtyrerin. Nein, bestimmt nicht. Macht bitte keine aus mir. Manchmal sah es nach außen hin vielleicht so aus. Da gab es sogar Zeitungen, die sagten, ich sehe aus wie die Madonna im Schmerz. Ja, es ist wahr – ich kenne die Bilder von Giotto und anderen – ich habe sie mir öfter angesehen und sah mich auch darin. Die Himmlische Königin und die Mutter der Schmerzen.

Aber ich hatte zwei Söhne gewonnen! Und sie sind beileibe keine Märtyrer. Als ihr sie hinter meinem Sarg hergehen saht – habt ihr da Märtyrer gesehen? Ich nicht. Ich war sehr stolz auf sie. Ich möchte auch nicht, daß sie Idole werden. Das ist kein guter Platz, sich aufzuhalten. Idole sind immer in Gefahr, vom Sockel gestoßen zu werden. Ein Idol wird niemals wirklich verstanden. Sein Wesen wird nie gesehen – es ist der Projektion ausgesetzt.

Die Zick-Zack-Bewegung meines Lebensweges hat zumindest das Positive bewirkt, daß ich unter dem Mantel des Idols hervorgeschlüpft bin. Ich wollte Diana sein und bleiben – nicht einmal Prinzessin von Wales – nicht einmal Lady Di, noch die zukünftige Königin – einfach nur Diana, vielleicht noch „Miss“, „Mom“ oder „Di“.

Ich war kein Idol, und ich will auch keines werden. Deshalb spreche ich hier. Und was ich hier sage, ist authentisch. Es werden einige kommen, die behaupten, daß ich durch sie spreche und mich durch sie mitteile. Sie werden mich in ihren Büchern und Auftritten verzerren. Ich habe mich dem Geist dieses Mannes anvertraut, weil ich kein Idol und kein falsches Bild werden möchte. Prüft alles, was ihr in den anderen Publikationen lest und lest es mit eurem Herzen. Prüft es an dem, was ihr über mich wißt.

Ich möchte euch eine Diana anbieten, über die man nachdenkt, mit der man zusammen sein kann – als eine Freundin, als eine Begleiterin – vielleicht sogar als Lehrerin, die ich so gerne in einer Phase meines Lebens werden wollte. Mein Wunsch war und ist es, Wissen weiterzugeben in einer sanften und liebevollen Art. Daran könnt ihr alles prüfen, was ihr zu sehen, zu hören und zu lesen bekommt.

Ich war kein Märtyrer – aber ich kannte den Schmerz, ja. Den Schmerz tiefster Hilfslosigkeit. Den Schmerz, nicht in der Lage zu sein, irgendeinen Weg hinaus zu finden oder hinein – in das Herz von Menschen, in das Herz eines Mannes. Und als ich schließlich einen Weg in das Herz eines Mannes gefunden hatte, führte es zu einem Weg hinaus.

Heute, der Tag, an dem das, was ich sage, hier geschrieben wird, „heute" (was für ein seltsames Wort) ist der Tag des Franz von Assisi. Wie sehr ich die Geschichten von diesem Mann liebte. Er sprach mit den Tieren, er kannte ihre Seele.

Ich sprach auch mit Tieren. Ich sprach sogar mit Bäumen. Ich habe oft einen Baum umarmt, eine Blume liebkost. Sie hatten alle Namen. Ich habe mit meinen Hunden gesprochen, meinem Pony, den Gänsen, den Kaninchen, den Katzen – und sie hatten alle ihren eigenen Charakter.

Wann immer wir Zeit fanden, einen Zoo zu besuchen, habe ich meine Söhne und vorher die Kinder meines Kindergartens gelehrt, Tiere als Lebewesen mit einer Seele zu sehen, die empfindsam sind und von denen jedes einen besonderen Charakter hat. Sie fühlen Schmerz und Freude wie wir. Ihr Instinkt und ihr natürliches Vertrauen in uns Menschen ist daher für uns eine Herausforderung. Wenn sich die Tiere wirklich verteidigen könnten, wären die Voraussetzungen anders. Aber sie können es nicht. Sie sind in unserer Hand. Und wir sind verantwortlich. Ihr könnt mit Tieren tun, was immer ihr wollt – so scheint es. Aber sie gehören der Erde, die nicht kontrolliert werden kann. Die Schreie von gequälten Tieren erfüllen den Kosmos. Was ich gesehen habe und wogegen ich bereits in meinem Leben Sturm gelaufen bin und auch jetzt, ist, daß ihr Tiere dazu benutzt, eine krankhafte Lust zu befriedigen. Es ist krankhaft, seine ganze Macht an denen zu demonstrieren, die sowieso in eurer Macht sind – einfach nur des „Spasses" wegen. Es ist gleichgültig, ob dieser „Spaß" heißt, mehr Geld zu machen, neue Tierarten zu züchten (eine lebenslange Qual), sich in die Genstrukturen einzumischen oder ähnliches. Es ist eine krankhafte Machtlust. Die wahre Macht ist: Fürsorge. Sorge für die, die in deiner Macht sind!

Ihr wißt, die Spencers und die Windsors – seit Generationen lieben sie es, auf die Jagd zu gehen. Ich mochte das nie. Aber wahres Jagen gibt den Tieren sogar mehr Chancen als sie in einem Gefängnis zu züchten und sie dann langsam im Laufe ihres Lebens umzubringen. Die meisten Tiere, die ins Schlachthaus gebracht werden, sind bereits tot, auch wenn sie noch am leben zu sein scheinen. Ihr eßt doppelt totes Fleisch. Riecht es! Es hat den Geruch des Todes, der Verwesung. Es verdaut sich nicht. Es geht in deinen Körper und bleibt da. Es macht dich krank ... und läßt dich selbst verwesen.

Als ich noch lebte, war mir das nicht so bewußt. Aber ich weiß jetzt, daß meine Bulimie teilweise von meinen Gedanken über Fleisch und seinen Ursprung herrührte.

Leben ist verletzlich. Alles Lebendige ist miteinander verbunden. Jeder und jede von euch ist mit jeder Seele eines jeden Tieres in eurer Welt verbunden. Alles, was du einem Lebewesen antust, das tust du dir selbst an. Ich habe nur ein einziges Mal, ein einziges Mal einem Tier etwas zuleide getan. Und das ging sehr tief – es hat mir selbst sehr wehgetan, und ich war für Tage wie benommen. Und einmal hat ein Tier mir etwas angetan, so glaubte ich wenigstens. Und ich war auch da für Tage und Wochen benommen. (Ich vergebe dir, bitte vergib mir.)

Im Innern seid ihr Leser ganz genauso empfindsam wie ich. Weil ich nicht MEHR Menschen war als ihr. Was immer ihr also mit Tieren tut, direkt oder indirekt – das tut ihr euch selbst an. Denkt darüber nach. Es ist die absolute Wahrheit. Und der Heilige von Assisi wußte das. Dort bebt die Erde.

Es gibt Menschen in eurer Welt, die mit Tieren sprechen. Es gibt solche, die sich sehr liebevoll um sie sorgen. Da sind solche, die sich für diese Brüder und Schwestern der Menschheit einsetzen. Unterstützt sie! So, wie ihr die unterstützt, die sich für ihre Mitmenschen einsetzen.

Unterstützt die Organisationen, die unter meinem Schutz stehen und die ich eingerichtet habe. Helft ihnen, bestehen zu bleiben und ihre Arbeit fortzuführen. Laßt sie Netzwerke aufbauen. Ich kann Tausende davon sehen – und es ist nicht wichtig, ob sie nun in meinem Namen gegründet werden oder nicht. Mein Name steht für etwas – so könnte es helfen, wenn solche Organisationen in meinem Namen gegründet werden.

Mach weiter so, William, bleib dabei, sorge für sie und gründe neue – und Du Harry, unterstütze Deinen Bruder. Seid ein Team. Ihr wißt, was ich meine.

Oslo (die Konferenz über das weltweite Verbot von Landminen).Ich bin so froh über diese Konferenz und ihre Resultate. Aber damit ist es noch nicht getan – es ist erst ein Anfang. Ihr müßt einen Weg finden, es auch wirklich bekannt zu machen. Es gibt da solche, die schon darüber nachdenken, wie sie die Landminen mit etwas noch Schrecklicherem ersetzen können, mit etwas noch Hinterhältigerem. Andere lachen einfach nur über die Vereinbarungen – so müßt ihr auch einen Weg der Kontrolle finden. Ihr müßt in das Innere eurer Länder gehen – feststellen, wo sie dieses Zeug produzieren. Und einige von euch, ihr Entscheidungsträger, ihr seid Heuchler. Ihr unterstützt immer noch die Produktion von allen möglichen schrecklichen Waffen (um... was?... zu verteidigen? Meine Güte, was wollt ihr verteidigen... ? Leben ... ?) – und ihr sagt: Es ist, um Jobs zu erhalten und um die Wirtschaft zu stützen. Könnt ihr die totale Verrücktheit in diesem Denken sehen, wenn eine Bombe explodiert und genau den Mann tötet, der seinen Job in einer Waffenfabrik nicht verlieren wollte?!

Wie sehr ich Sadat liebte. Er und Ägypten, das neue Ägypten ist wie das neue England – sie können Friede und Freiheit bringen. Das sage ich nicht aus Patriotismus, und auch nicht, um den Geist Europas in Frage zu stellen, noch sage ich das aus meiner Liebe zu Dodi heraus, noch unterstütze ich damit jedwede Form von Ideologie oder Fundamentalismus. Ich sage es wegen der sozialen, politischen, kulturellen und spirituellen Potentiale, die diese zwei Länder haben. Mubarak und seine Berater! Erinnert euch an Sadat, erinnert euch an das Vermächtnis seines Lebens. Ägypten hat eine uralte magische Kraft – so England. England hat so viele, die heilen und geben wollen, so viele, die ihre persönliche Kraft, ihre Kreativität und ihre Visionen einzusetzen wissen – mit Anstand und Integrität. Ägypten trägt ein uraltes Versprechen. Es ist das goldene Land – nicht das einzige – aber ein sehr besonderes. Es hat das Potential der Alchemie, die beiden Brüder zusammenzubringen – die islamische und die jüdische Welt – so wie sie einst vereint waren. Dieses Unterfangen ist äußerst wichtig, denn die Energie zwischen den beiden steht in der Entscheidung, in der Krise – entweder führt sie in die völlige Zerstörung oder in den vollkommenen Frieden und in die Erneuerung. Es ist ein Teil der Geburt in die neue Zeit ... ein Teil der Entscheidung, wohin die Welt steuert.

Deshalb wollen dies die alten Kräfte, die Kräfte der Spaltung und des Fundamentalismus verhindern. Aber es wird nicht möglich sein. Ägypten hat diese magische Kraft in jedem Gramm seiner Erde. So seht, was geschehen wird. Der Geist des einen und des anderen Landes, die hier zusammen sind, werden auch dort zusammengehen und eine Synergie bilden. Das ist einer der Gründe für unseren Tod. Und nichts kann dagegen unternommen werden – es kann nicht aufgehalten werden. Es kann nur in die eine oder die andere Richtung führen. Hier liegt die Entscheidung bei euch.

Ich möchte nicht mißverstanden werden. Ich liebe und liebte immer alle Menschen aller Religionen. Ich liebe Hindus und Buddhisten, Juden und Palästinenser – weil sie Menschen sind. Wenn ihr nur verstehen könntet – ihr seid alle einfach „nur" Menschen. Die Formen, die Unterschiede, an denen ihr euch festmacht, während ihr noch in der Welt lebt – sie verlieren jede Bedeutung und jede Existenz, wenn ihr hierherkommt. All diejenigen, die ihr Leben im Namen von was auch immer opfern, sie kommen hierher und denken: „Was in aller Welt habe ich nur getan und gedacht ... nichts davon ist wahr ... die einzige Wahrheit ist, daß ich andere verletzt habe ... daß ich nicht mein Herz habe sprechen lassen, sondern nur meinen Kopf, mein Ego, meine Ideologie." Und solche Seelen empfinden dann tiefen Schmerz ... und nur die Liebe und das Licht von Freunden und Helfern kann einer solchen Seele Heilung und Hoffnung bringen ... einer Seele, die über sich selbst so sehr verzweifelt ist. Denkt daran ... . die Formen fallen hier weg ... das Wesen wird gesehen ... und das Wesentliche ist die Liebe deines Herzens und das Mitgefühl mit anderen, das du in die Tat umgesetzt hast oder nicht ... nichts anderes ist wichtig und war jemals wichtig.

Noch einmal: Es gibt hier keine Ruhmeshalle – im Namen keiner Religion. Und glaubt mir, die, die in ihrem Fanatismus sich selbst getötet haben und andere mit sich, kommen hierher in großer Verzweiflung und wissen nicht, wie sie mit ihrer Seele wieder Frieden finden sollen, und viele müssen ihnen helfen, so daß sie ihren furchtbaren Fehler einsehen und geheilt werden.

Ihr müßt wissen, das Licht, die Liebe und die Wahrheit an diesem Ort hier läßt dich SEHR ANDERS auf dein Leben schauen. Du siehst dein Leben ohne jede

Brille. Du siehst dich nackt, als früheres Menschenwesen, als eine Seele – völlig gleichwertig mit jeder anderen Seele. Es gibt hier keine „besser als... “ oder „schlechter als ... “.

Dieselben Seelen, die sich auf der Erde weh taten, die liegen sich hier in den Armen, weinen und bitten um Vergebung. An dem Ort, den ihr Himmel nennt, der SEHR real ist, in mancher Weise sehr viel wirklicher als die Welt, von der man kommt, an diesem Ort gibt es KEINE RELIGIONEN. Hier gibt es nur, NUR Seelen. Und diese sehen und bewerten selbst, was sie getan haben – keine Hölle, kein Fegefeuer. Einfach nur ein klarer, vielleicht sehr schmerzhafter, aber klarer Blick auf das vergangene Leben. Wenn der Tod, das Wissen darum, daß du sterben wirst, ein Lehrer für dich sein könnte – daß du danach an einen Ort gehst, wo du erkennst, wer du wirklich bist und an dem du empfangen wirst in Liebe und Wahrheit – du würdest noch mehr ein Leben in Stärke und Frieden führen.

KEINER der Gründer jedweder Religion WOLLTE, was in seinem Namen auf der Erde geschieht und geschehen ist. Sogar solche, die hierherkommen und die als Helden gefeiert wurden, müssen erkennen – hier gibt es keine Heldenverehrung. Die Titel, die Regeln und Vorschriften, die Etikette und die Protokolle, die Medaillen, Preise und Auszeichnungen – sie sind hier nicht von Interesse.

Was interessiert, ist, was du gelernt hast und wie sehr du authentisch warst und du selbst wurdest, wie menschlich. Ob du im Frieden mit deiner Seele gelebt hast, wieviel Raum du deiner Seele gegeben hast, sich auszudrücken – und wieviel du gegeben hast vom Reichtum deines Herzens, von deinen Talenten und Fähigkeiten –

und wieviel du von den materiellen Reichtümern abgegeben hast, die du so blind aufhäufst und dich unter ihrem Einfluß so leicht verhärtest.

Und auch das wird herauskommen: Wieviel reinen Spaß du hattest und wieviel Freude du anderen weitergegeben hast. Wieviel du von deinen inneren Werten gegeben hast, verbunden mit der Wahrheit deines Herzens und dem Mitgefühls deines Geistes – jenseits von Staat und Rasse, jenseits von Religionen und Grenzen. Dies ist, was hier zählt und widerhallt.

Man sagt, das Leben sei ein Spiel – ja, so ist es auch. Es ist ein Spiel, und zwar ein bedeutsames. Es ist ein Spiel der Schöpfung – in dem du erschaffst, was für dich wahr und wertvoll ist und was zur Wahrheit und zum Wert des Lebens beiträgt. Es spielt keine Rolle, wie viele Male du auf die Erde kommst. Ich bin oft gekommen, und sehr oft war ich mit dem Königtum verbunden oder spielte darin eine Rolle. Es ist nicht schwer, das herauszufinden – und es ist nicht wichtig. Das nächste Mal komme ich vielleicht als Lehrer, weil ich gerne lehre. Ich bin in diesem Leben keine Königin geworden. Aber ich bin eine Königin hier.

Einige Zeitungen schreiben, daß ich das „Ticket" in das 21ste Jahrhundert hätte werden sollen. Ihr Lieben – ein Ticket für wen und wozu? Ihr seid alle euer eigener Fahrschein. Ihr könnt dies lesen und euch darüber Gedanken machen ...

Ihr könnt auf den Mann ärgerlich sein, der dies hier niederschreibt, und ihr könnt ärgerlich sein auf jene, die es verbreiten, oder ihr könnt ihren Mut und ihre Bereitschaft anerkennen. Ihr könnt meinen Geist in diesem Buch hier verleugnen, oder ihr könnt in diesen Zeilen nach meinem Wesen Ausschau halten.

Ich bin froh, hier Dinge sagen zu können, die ich zu meiner Lebzeit nicht sagen konnte. Ein Grund dafür ist: Ich war zu jung. Jung und gut auszusehen hatte einen bestimmten Zweck. Die Zeit brauchte es ... und es hat ein sehr persönliches Anliegen von mir selbst erfüllt.

Ihr könnt nach all den Zweifeln und den „Fehlern" in diesen Zeilen suchen, oder ihr könnt ein Vermächtnis finden, das das Vermächtnis eures eigenen Herzens bestätigt. Ich bin nicht das Ticket in das neue Jahrhundert. Aber ich bin sicher eine Hilfe, ein Hinweis, ein Schlüssel für das, was wichtig ist, um euer neues Jahrhundert so schön, so besonders, so erfolgreich und so lebenswert zu machen wie möglich. Viele, viele Veränderungen werden kommen ... viele Veränderungen sind notwendig. Viele werden diesen Veränderungen widerstehen wollen. Einige werden sogar versuchen, alle Elemente, alle Waffen, Geld, „Untertanen" u.s.w. zusammenzuziehen, um das Neue zu verhindern – das Neue, das kommen muß und kommen wird.

Schaut, Schwangerschaft und Geburt lehren uns etwas. Nach ungefähr neun Monaten ist das Kind soweit – es muß geboren werden. Du kannst jammern, du kannst dich widersetzen – aber der Schmerz wird nur größer. Es wird auf jeden Fall geboren. Das Kind, die neue Zeit – sie wird geboren werden, und keine Macht der Erde kann es verhindern. So wie man es auch nicht verhindern kann, daß die Sonne auf- und untergeht, wie man es nicht verhindern kann, daß einem der Regen auf's Dach tropft. Was immer du tust – du kannst es nicht aufhalten. Das Neue, der Wechsel kommt – und er kommt aus den Herzen der Menschen. Es war immer so, und es wird immer so sein. Es ist stärker als alles, was sonst existiert, weil alles, was existiert, aus dem Herzen kommt – letztendlich. Dieses Herz ist langmütig – aber es wird sich in einer Geburt erneuern, wie ein kleiner Vogel. Es wird die Eierschale zerbrechen. Er wird sie zerbrechen, weil er leben will. So zart er ist ... und so schwach er erscheint.

Das war meine Botschaft und meine Aufgabe: diese Geburt vorzubereiten, einen Weg und eine Stärke in eurem Herzen vorzubereiten, so daß ihr leichter diese Geburt geschehen lassen könnt.

Die Berliner Mauer brach zusammen wegen des Herzens der Menschen. Politiker hatten daran schon so viele Jahre ohne Erfolg gearbeitet. Das Herz der Menschen wird die Monarchie und die Art der Regierung in in England, Schottland und Irland verändern. Ich habe meine Gründe, warum ich sie getrennt beim Namen nenne. Großbritannien – wenn es zusammenbleiben will – bezieht seine Kraft aus der Synergie und einer gemeinsamen Vision. Die Monarchie mit Charles und William kann und muß der Geist sein, der Blair und denen, die nach ihm kommen, und dem ganzen Volk hilft, das neue Britannien zu bauen – was für eine Form es auch immer annehmen wird.

Charles sollte seiner neuen Beziehung zu den Männern, Frauen und Kindern von Britannien vertrauen – und seinen neuen und frischen Gedanken und Ideen über die Monarchie und ihre Funktion. Er kann den Weg für William bereiten, und die Menschen Britanniens werden ihn dafür lieben. Und wenn die Zeit reif ist – und das wird klar erkennbar sein –, wird William König und ich werde mit ihm sein.

Ich danke euch allen, die ihr zu meinem Leben beigetragen habt. Viele habe ich hier nicht erwähnt – meine Freunde, meine Verwandten, meine lieben Schwestern –

all die, die meine Arbeit und mein Leben zu einer Zeit des Erfolges oder des Lernens machten oder zu beidem. Jeder und jede von euch – wer immer ihr wart und wie immer ihr euch verhieltet – war vollkommen.

Es ist mein Wille, daß gegen niemanden, der in meinem Leben oder Sterben eine Rolle spielte, ermittelt wird, noch gerichtlich oder sonstwie vorgegangen wird. Das würde meine Mission trüben und meiner Lebensaufgabe schaden – und es gibt solche, die das gerne täten. Laßt die Familien, die Verwandten und ihre Partner in Ruhe – laßt sie in Frieden. Niemand, niemand ist schuldig – weil ich den Kurs meines Lebens genauso gewählt habe, wie er abgelaufen ist.

Das ist die wichtigste Botschaft des Buches, das ihr hier lest.

Zu meinen Lebzeiten hatte ich mitunter das Gefühl, mich rächen zu müssen, und ich war manchmal sehr, sehr wütend. Ich beschuldigte andere und schob ihnen den schwarzen Peter zu. Aber ich denke, ich habe euch auch oft gezeigt, daß ich bereit war, diese Gefühle zu überwinden.

Und jetzt – in der Seligkeit und dem Glück, in dem ich mich hier befinde, behalte ich keinen Groll, gegen niemanden. Ich sehe jetzt das Bild klar – ich sehe einen Teppich mit vielen Mustern, vielerlei geformte Wellen in einem endlosen Ozean. Ich habe mich entschieden, wie ich leben wollte und wie ich sterben wollte – und ihr alle tut dasselbe.

So vergebt mir, wenn ich euch geschadet haben sollte, wenn ich euch Sorgen machte oder euch Grund gab, meinetwegen bestürzt oder enttäuscht zu sein. Ich war ein menschliches Wesen – wie ihr. Leben ist Lernen – und, liebe Marilyn, ja, „nobody is perfect“.

Viele habe ich hier nicht erwähnt, die es wert gewesen wären. Ihr sollt wissen, daß ich euch liebe. Ich liebe euch aus meinem ganzen Herzen und werde euch immer lieben. Auch euch, die ihr diese Zeilen lest.

Mit dieser Liebe danke ich dir, dem Autor dieses Buches,und euch, die dazu beitragen, daß es veröffentlicht wird, von ganzem Herzen. Ich stelle euch alle unter meinen persönlichen Schutz.

Ich wünsche euch, Christina und Inaki, heute, an dem Tag eurer Hochzeit alles Glück, alle Freude und alle Erfüllung.

Ich werde jetzt gehen und – so wie ihr auch – meinen Lebenskreis vollenden. Macht weiter mit den guten Werken und sprecht gut voneinander.

Lebt wohl, good bye und ... Auf Wiedersehen!

Gott segne Euch.

Mit meiner tiefsten Liebe ...

Diana

Nachwort des Autors

Liebe Leser,

in der Woche nach dem furchtbaren Tod von Lady Di starb in meinem persönlichen Leben ein für mich sehr wichtiger Mensch, ein Erlebnis, das mich sehr aufwühlte.

Ich durfte am Bett meines Vaters sitzen und mit ihm in seiner Todesstunde sein. Ich werde die Gnade und den Frieden nie mehr vergessen, die mein Elternhaus erfüllten. Ich erlebte mich selbst sehr nahe am Tod – oder besser gesagt: nahe dieser anderen Welt – der Welt „da drüben".

Am nächsten Tag, immer noch sehr unter dem Eindruck des Erlebten, ging ich in mein Büro und begann, eine Trauerrede für meinen Vater zu schreiben. Und seltsam, was jetzt geschah. Eine Stimme begann sich zu melden und wurde immer vernehmlicher. Ich erkannte diese Stimme. Ich unterbrach die Rede und begann, die erste Seite niederzuschreiben, die erste Seite dieses Buches vom 5. September 1997. Während ich schrieb, spürte ich eine sehr starke lichtvolle und liebevolle Energie, die den Raum erfüllte.

Ich schickte meiner Verlegerin, Christa Falk, ein Fax und berichtete ihr kurz von meinem Erlebnis.

In der Woche darauf wurde diese Energie und das Licht noch stärker – ich schrieb am 7. September noch einmal einige Seiten, beschloß aber dann, mit all dem aufzuhören – denn ich wußte nicht, was ich damit letztendlich sollte, und ich hatte noch so viele andere „wichtigere“ Dinge zu tun.

Als mich Frau Falk aber einige Tage später anrief, wurde es im Gespräch klar, daß sich hier etwas sehr Wertvolles ereignete. Es war offensichtlich, daß Diana ihren Angehörigen, allen, die sie liebte und der Welt, noch etwas sagen wollte, das sie auch zu Lebzeiten wohl gerne noch gesagt hätte. Was ihr aber wohl besonders wichtig war, war dies, daß ihr Tod niemandem schaden sollte – daß niemand für schuldig erklärt, niemand zur Rechenschaft gezogen, niemand zu Aussagen gezwungen werden und kein Streit entstehen sollte. Das wäre alles nicht mehr wichtig und sogar sehr schädlich ... und würde auch noch die Erinnerung an sie, was sie zu sagen hatte und hat und wofür sie lebte, verdunkeln. Und es wäre sehr schlimm für sie, wenn sie das durch ihren Tod verursacht haben sollte ... sie bittet, von all solchen Ansinnen abzusehen. Ich verstand das sehr gut, und auch deshalb wollte ich ihren Willen erfüllen.

So schrieb ich dann weiter: am 23. September, am 25. September und vom 1. bis zum 4. Oktober 1997. Besonders der 3. und 4. Oktober waren noch einmal Tage, an denen die Energie und das Licht besonders stark waren. In diesem Buch ist genau das wiedergegeben, was sie mir an diesen Tagen sagte – daher ist das auch die einzige Gliederung.

Die Botschaften kamen auf englisch. Ich hatte also auch noch die Aufgabe, alles ins Deutsche zu übertragen – und ich versuchte dies so wörtlich wie möglich.

Nun liegt ein Buch vor, das mich selbst beim Empfangen und Übersetzen tief berührt hat.

Ich habe die Hoffnung, daß auch Sie von diesen Zeilen berührt und ermutigt werden, daß Diana zu Ihrem Herzen spricht, wie sie zu meinem sprach – in all dieser unfaßbaren Liebe, die von der „Königin der Herzen" ausging und immer noch ausgeht.

Dietrich von Oppeln